THE BIG BOOK
OF DRAWING CHIBI MOBS FOR
MINECRAFTERS

JASON MILLER
CUBE HUNTER

Copyright © 2024 by Cube Hunter

All rights reserved. No part of this publication may be repro-
duced, stored in a retrieval system, or transmitted, in any
form or by any means, electronic, mechanical, photocopying,
recording or otherwise, without the prior written permission
of the copyright owner.

JASON MILLER

READY GO!
This Book Belongs to:

Welcome to the start of the journey where you will learn to draw the world of Minecraft! We will start from the simple most easy forms moving towards more complex characters! Here are presented the few tools you will need to accomplish great results... no worries it is nothing special only things that lay around the house! Yay! Can't wait to start!

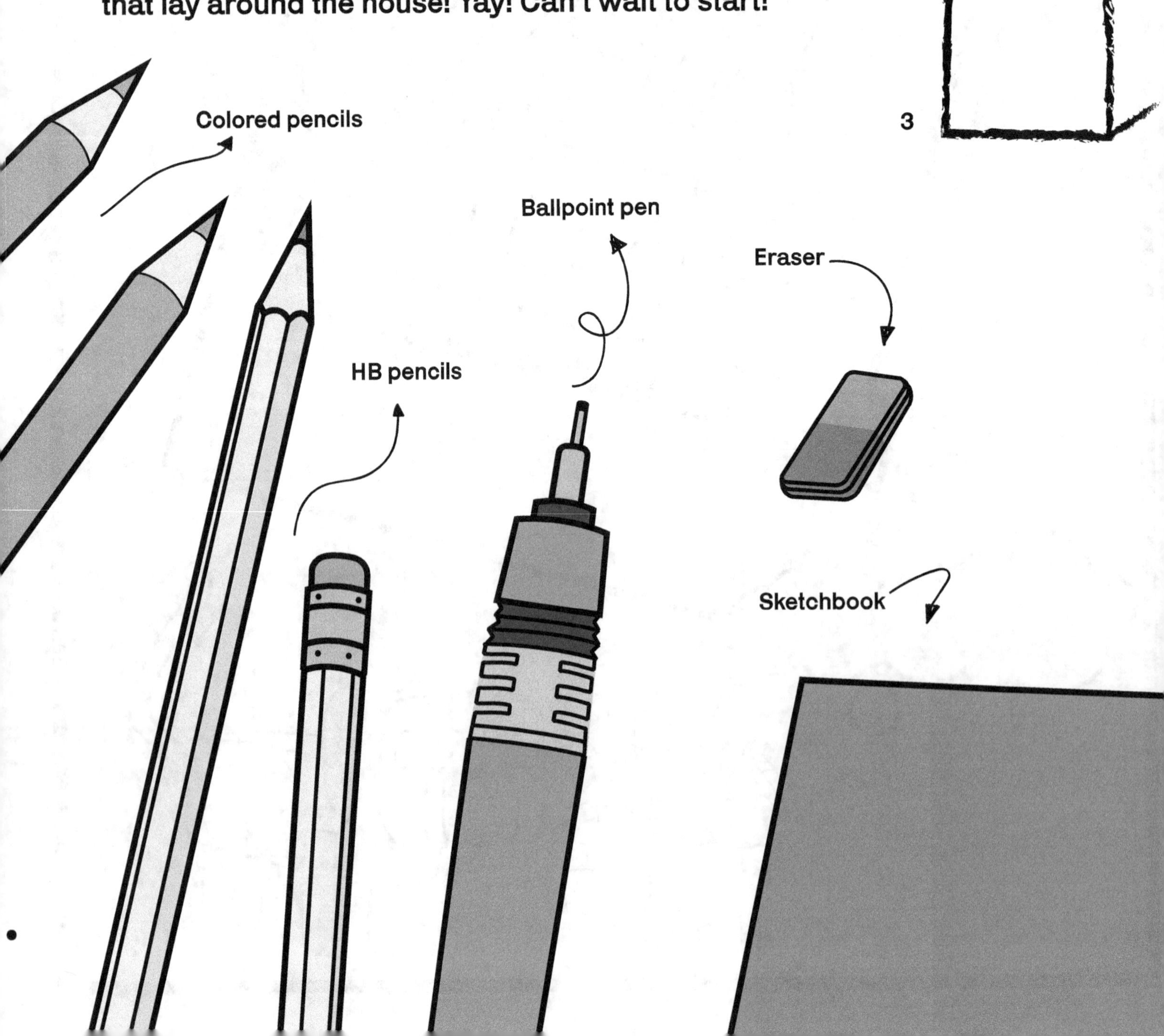

...ILL NEED !

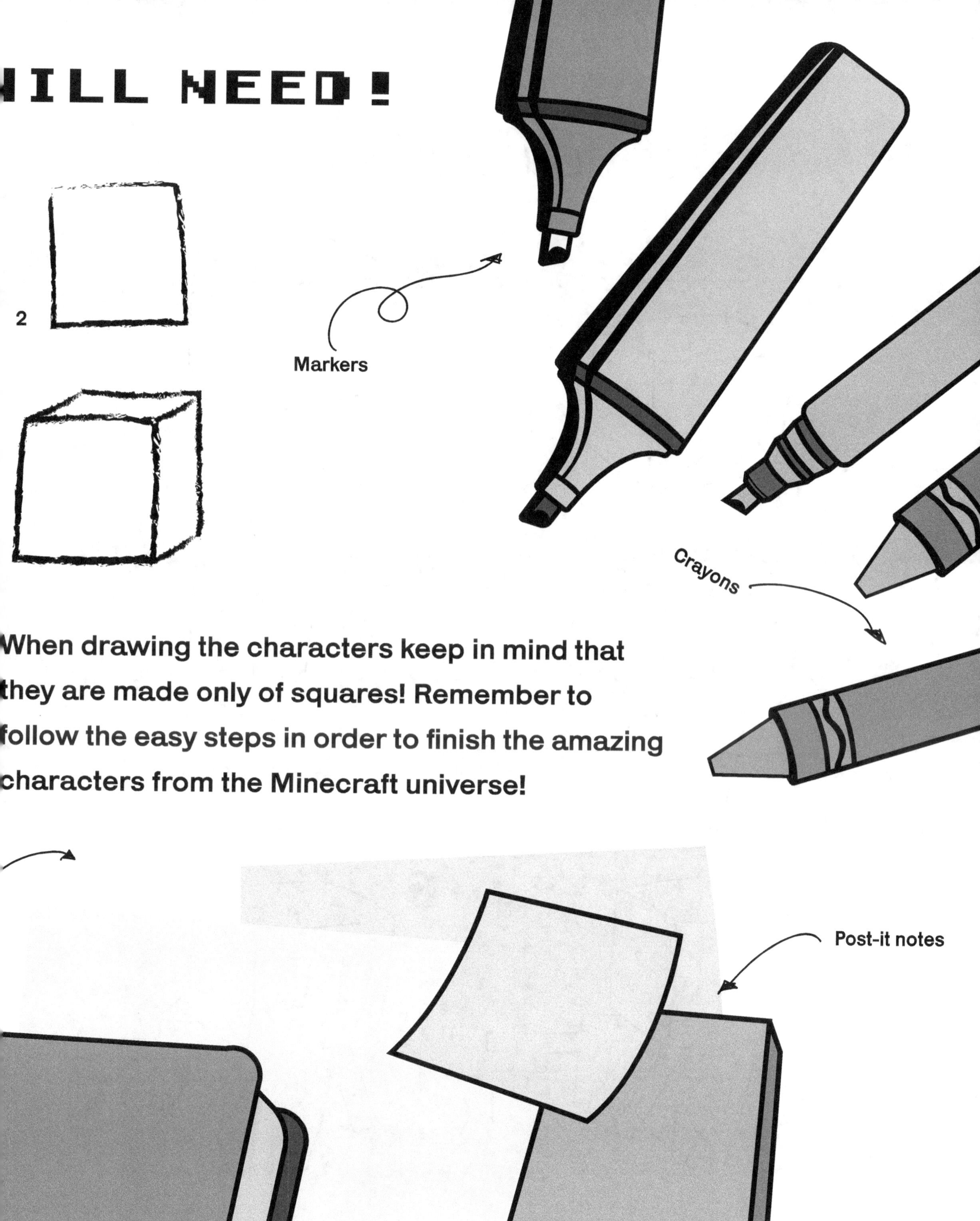

When drawing the characters keep in mind that they are made only of squares! Remember to follow the easy steps in order to finish the amazing characters from the Minecraft universe!

Allay

1

2

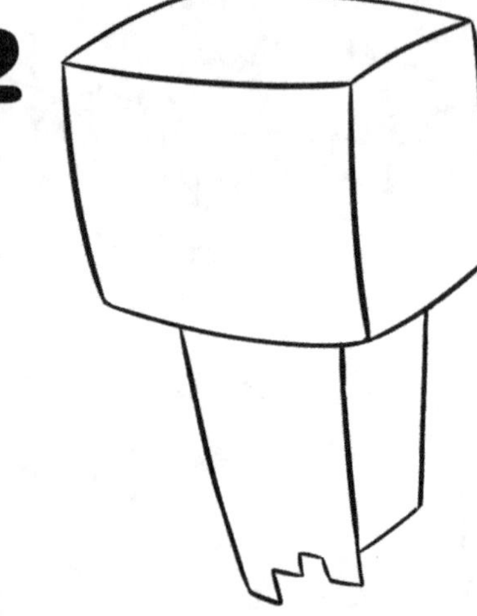

3

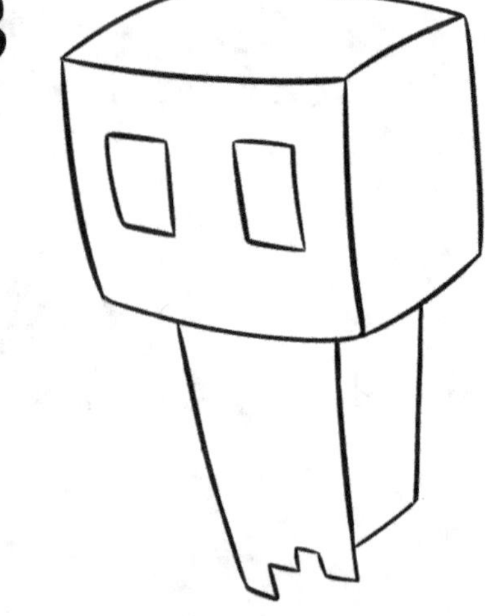

4

5

6

Now, it's your turn

Baby Chicken

Now, it's your turn

Baby Skeleton

1

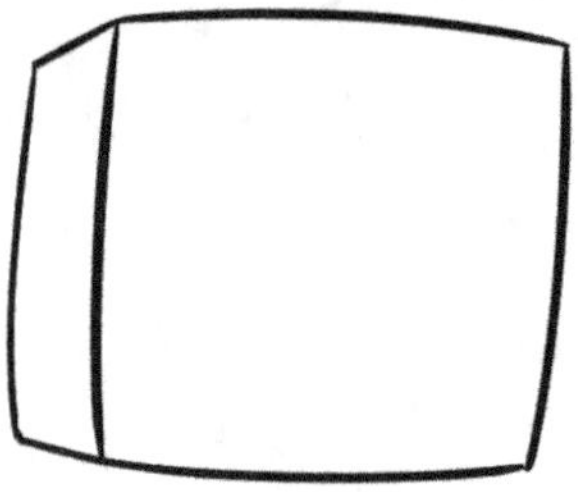

2

3

4

5

6

Now, it's your turn

Baby Zombie

1

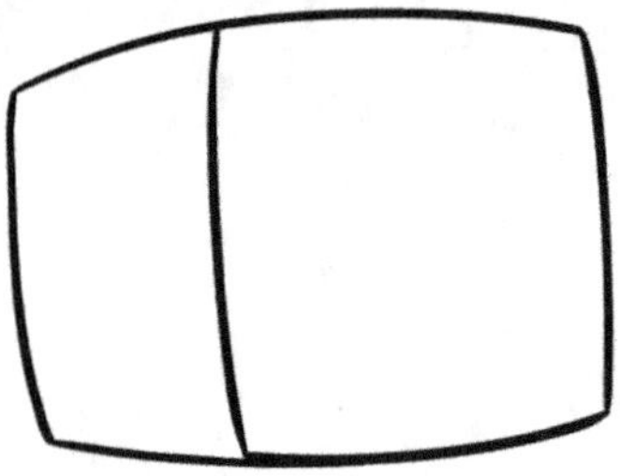

2

3

4

5

6

Now, it's your turn

Now, it's your turn

chicken

1

2

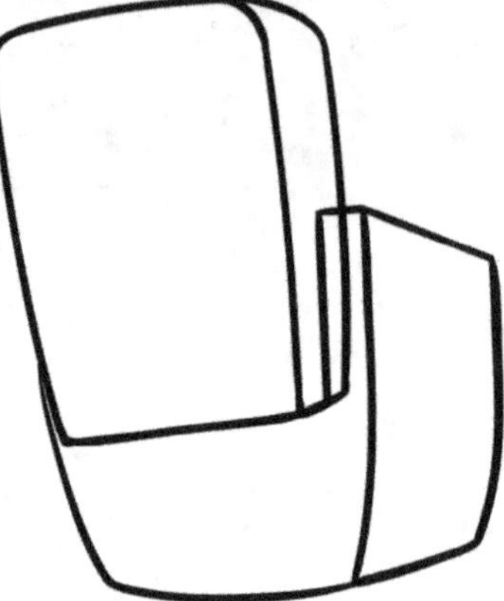

3

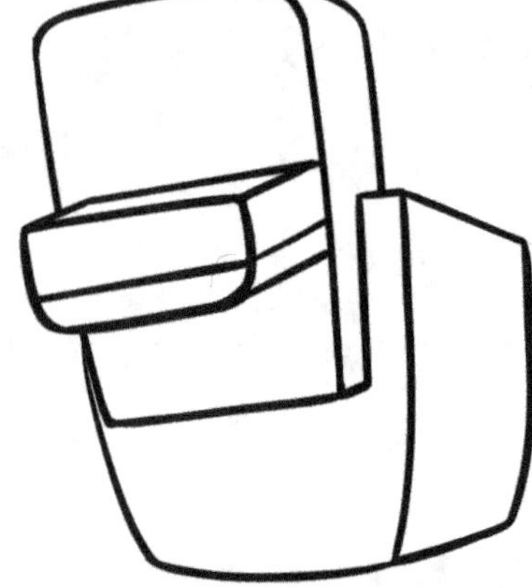

4

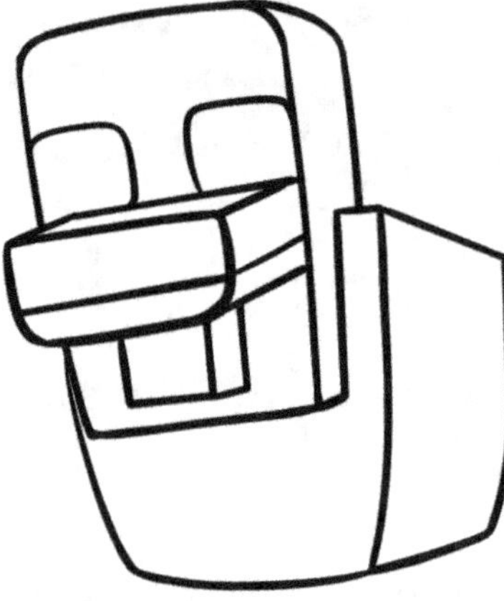

5

6

Now, it's your turn

Now, it's your turn

Cod

1

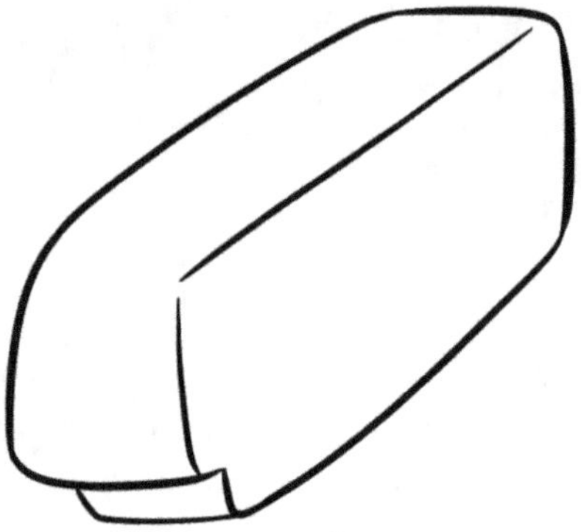

2

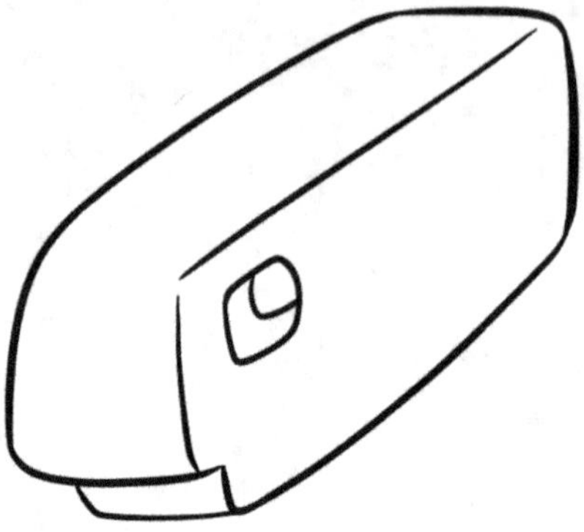

3

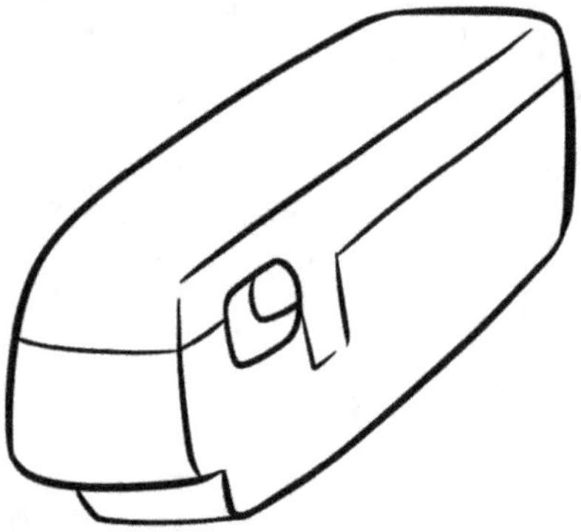

4

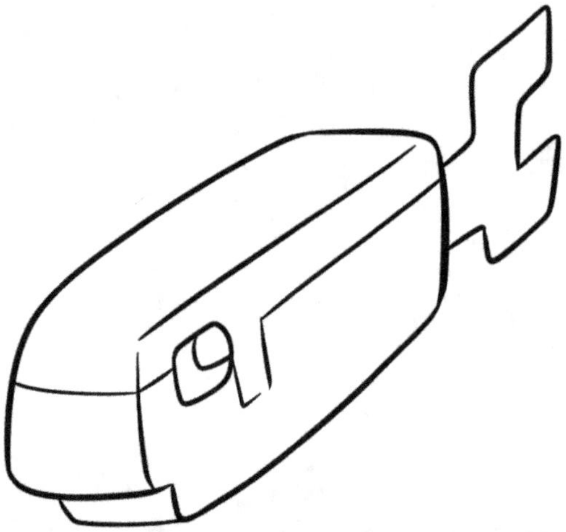

5

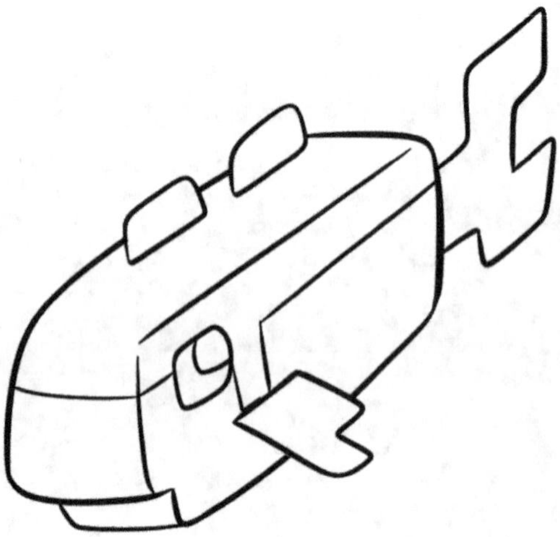

6

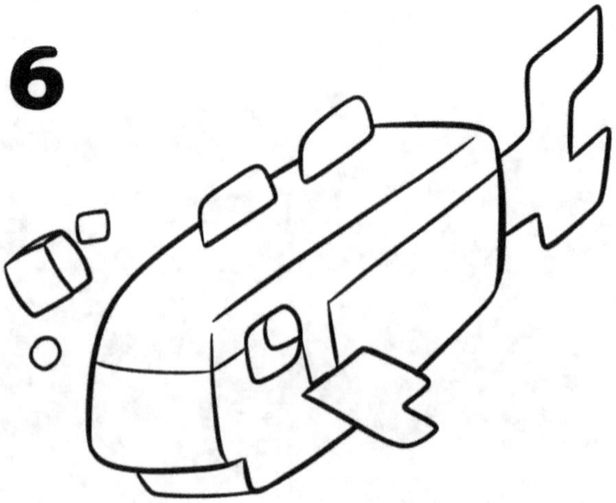

Now, it's your turn

COW

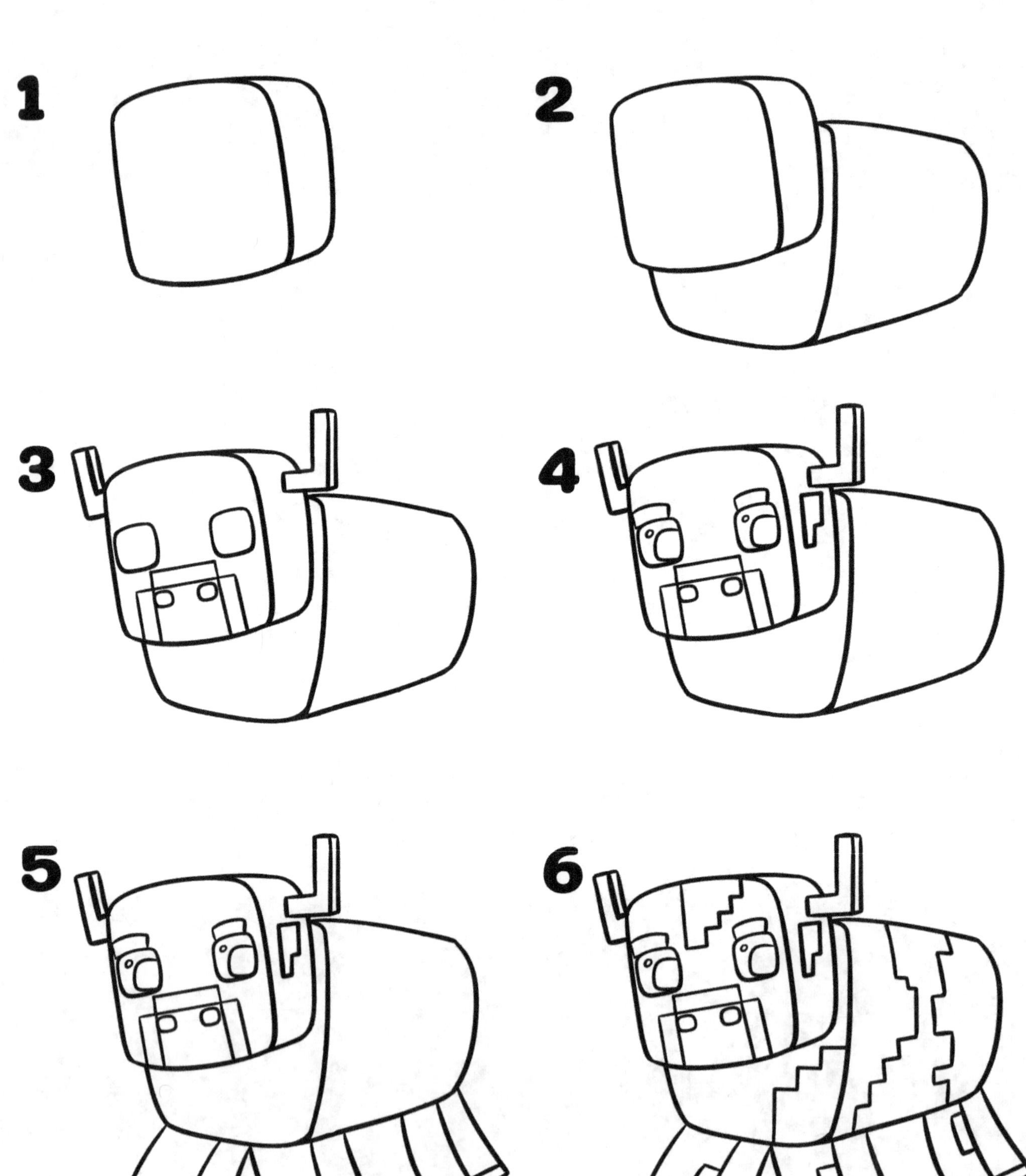

Now, it's your turn

creeper

1

2

3

4

5

6

Now, it's your turn

Dolphin

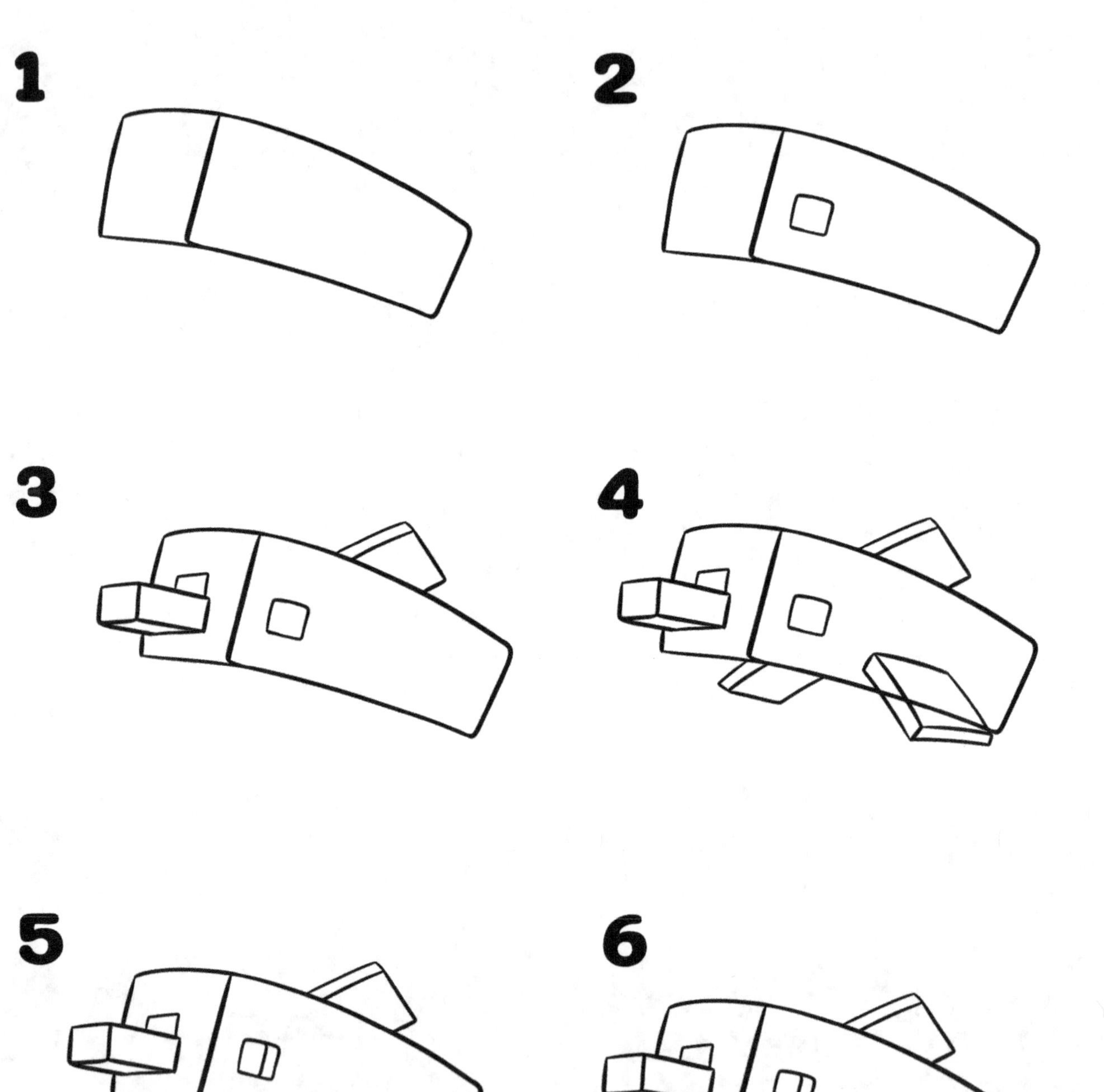

Now, it's your turn

Elder Guardian

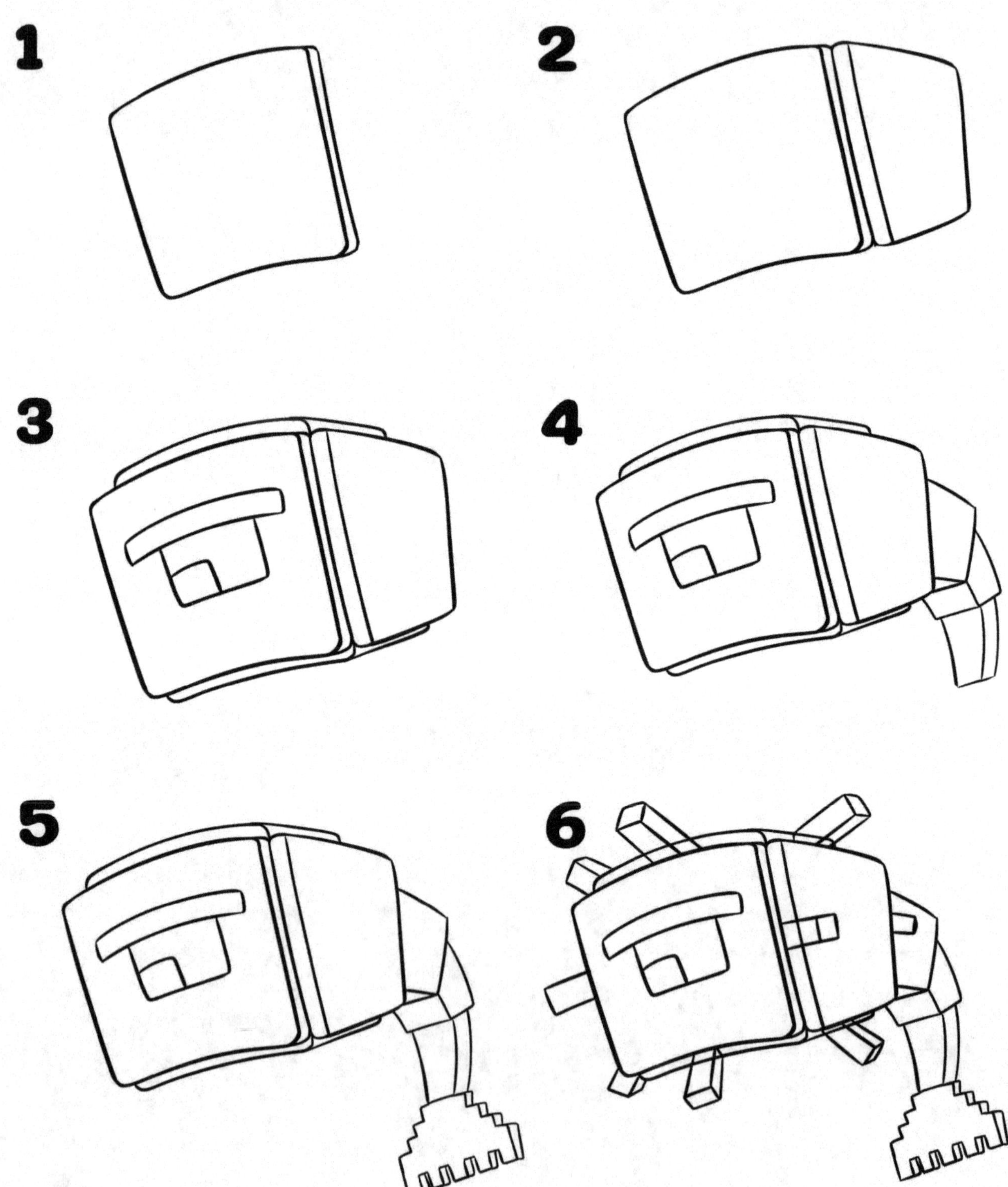

Now, it's your turn

Now, it's your turn

Enderman

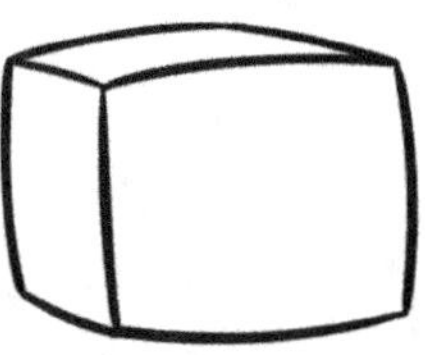

1

2

3

4

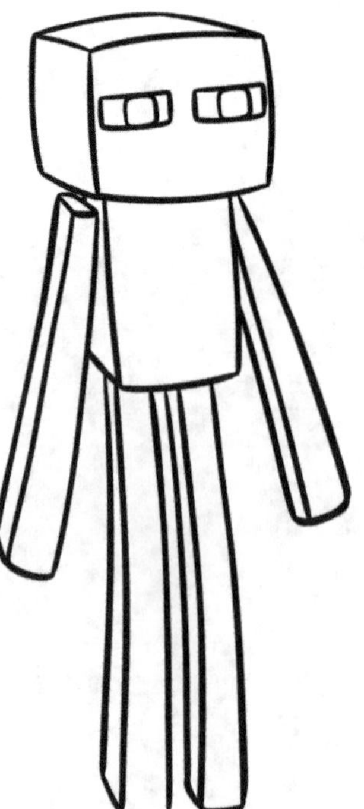

5

6

Now, it's your turn

Endermite

1

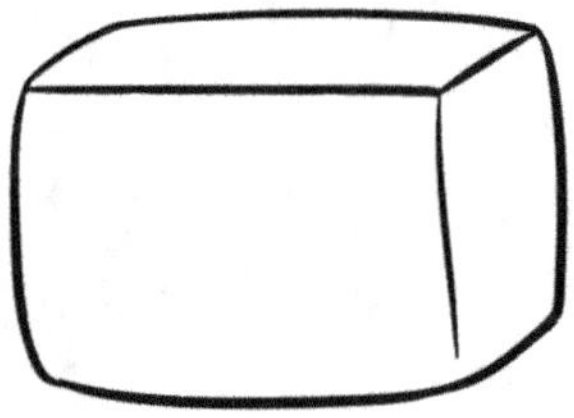

2

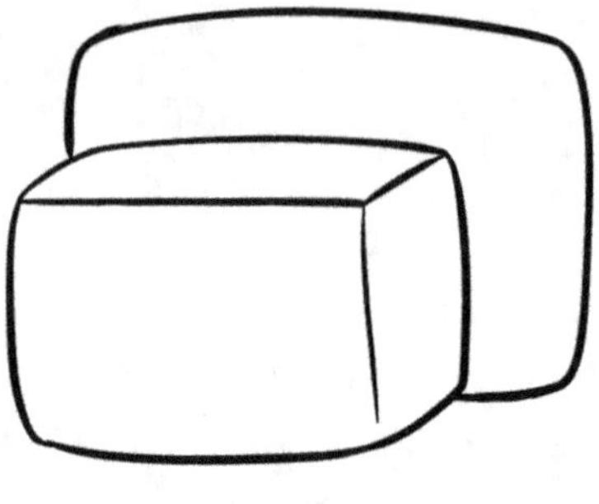

3

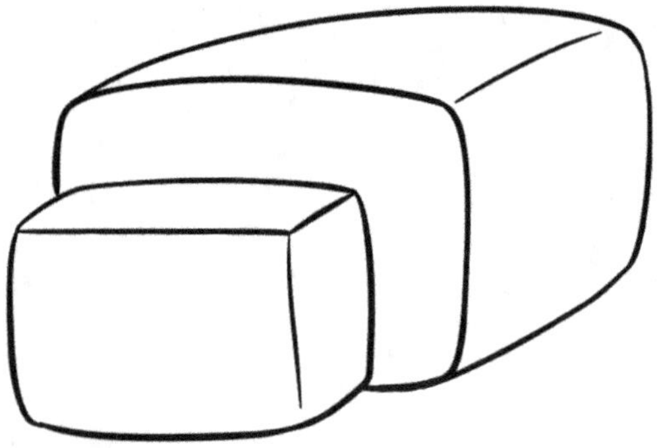

4

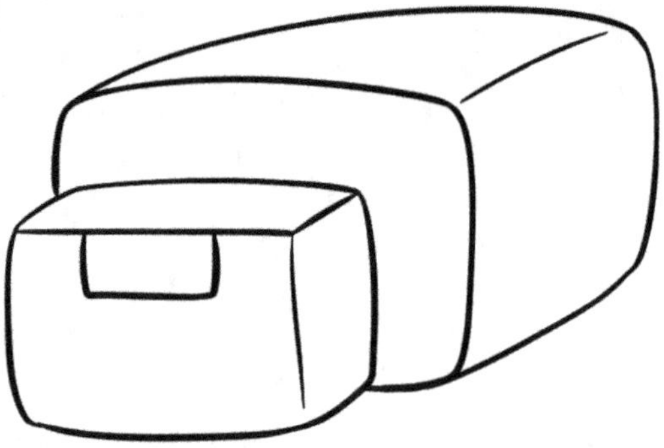

5

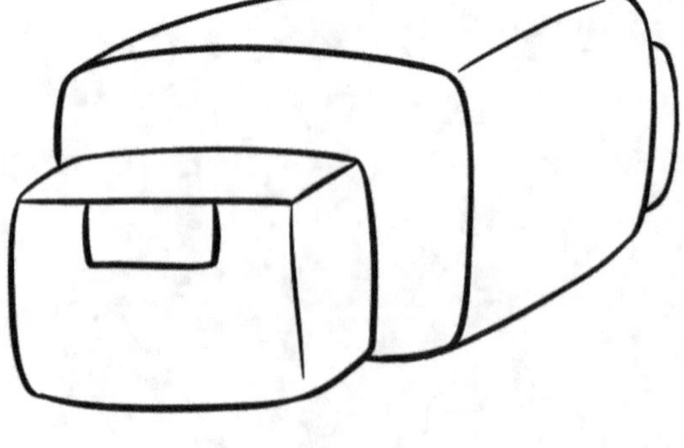

6

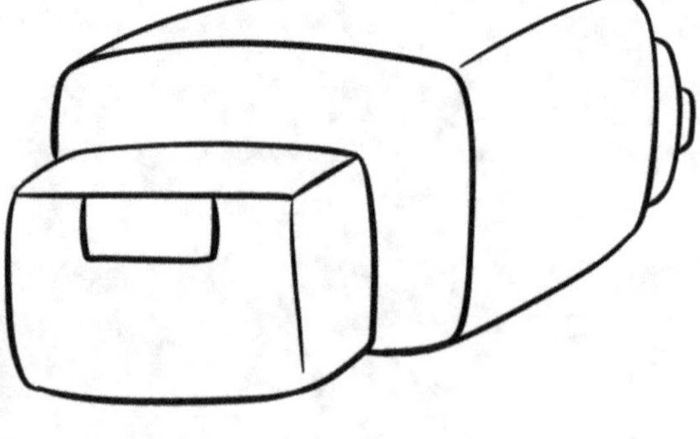

Now, it's your turn

Glow squid

Now, it's your turn

Goat

1

2

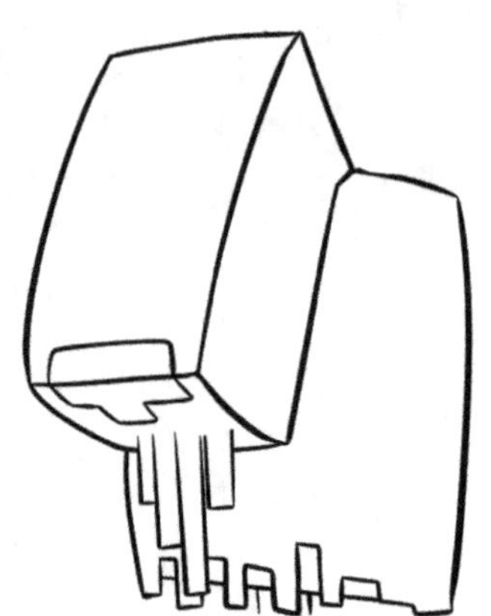

3

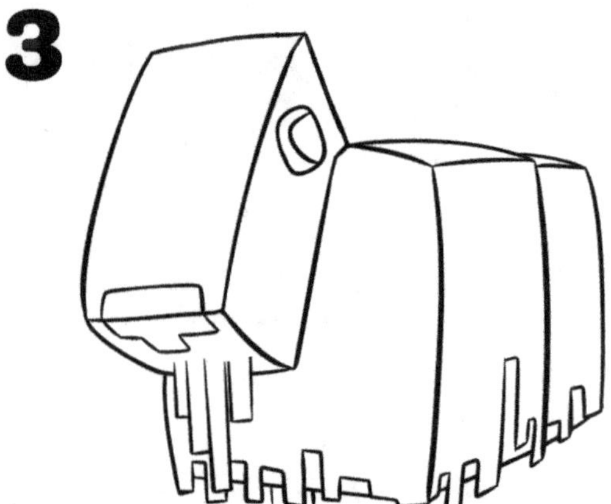

4

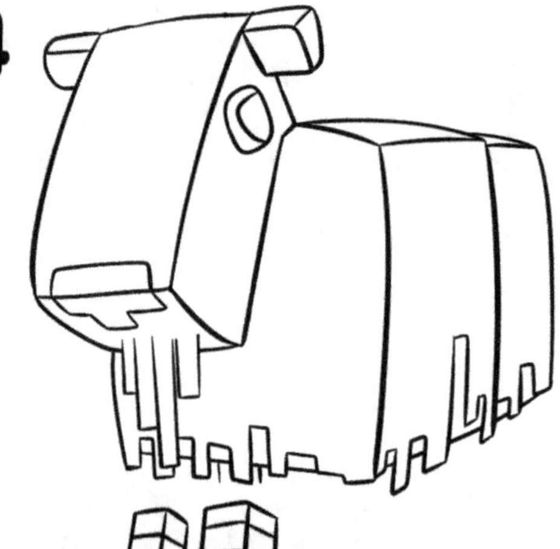

5

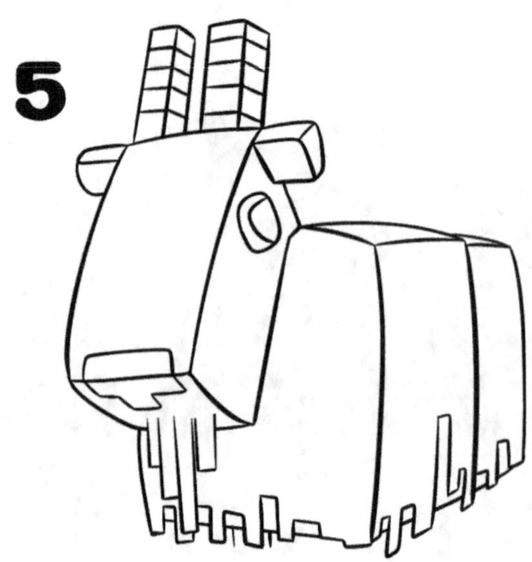

6

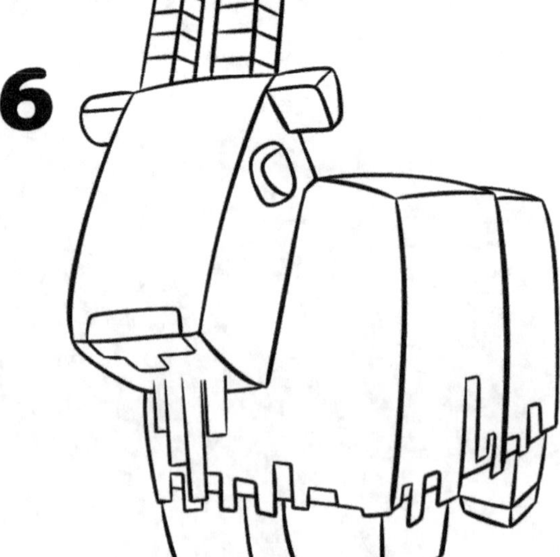

Now, it's your turn

Guardian

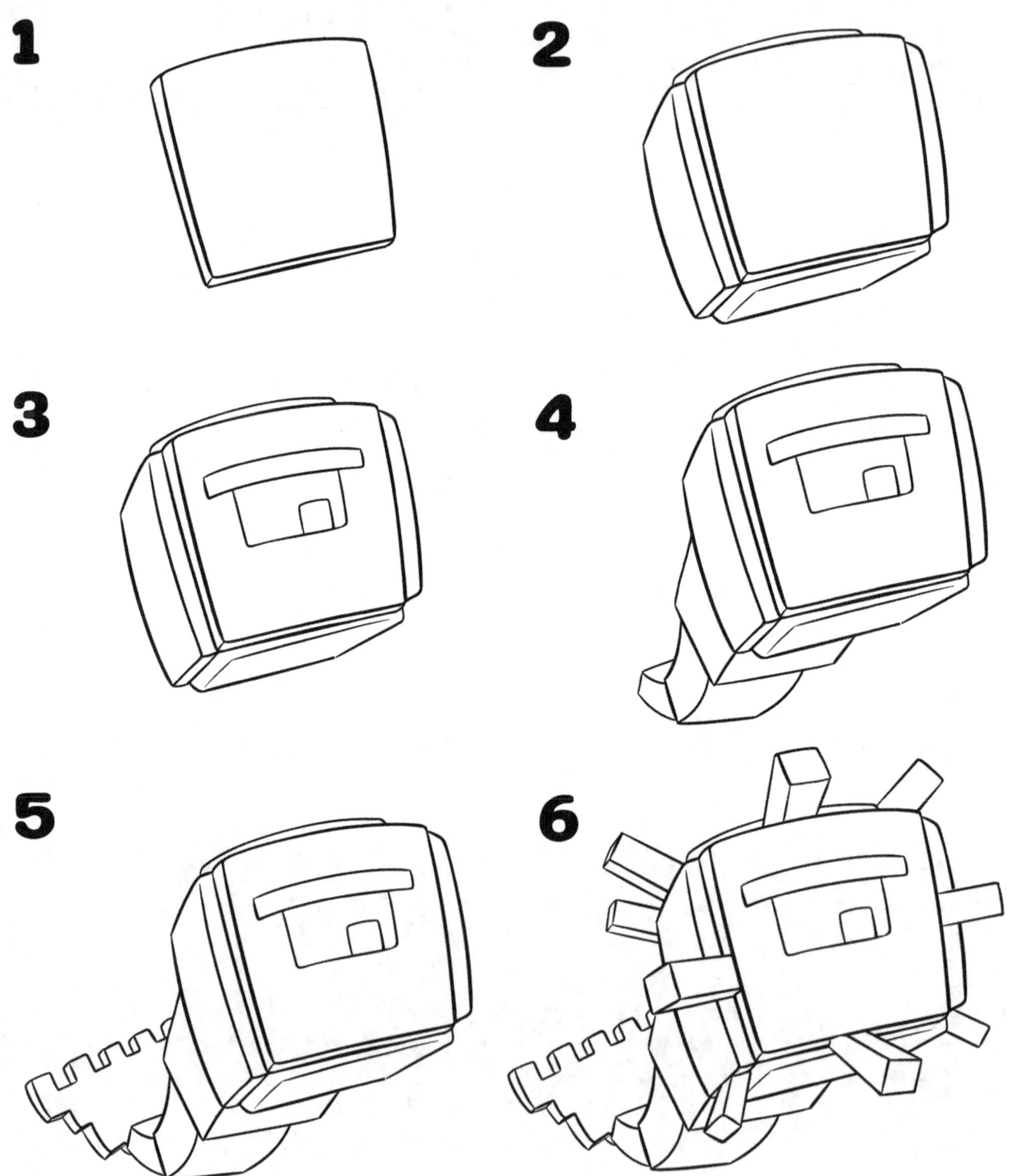

Now, it's your turn

Now, it's your turn

Hoglin

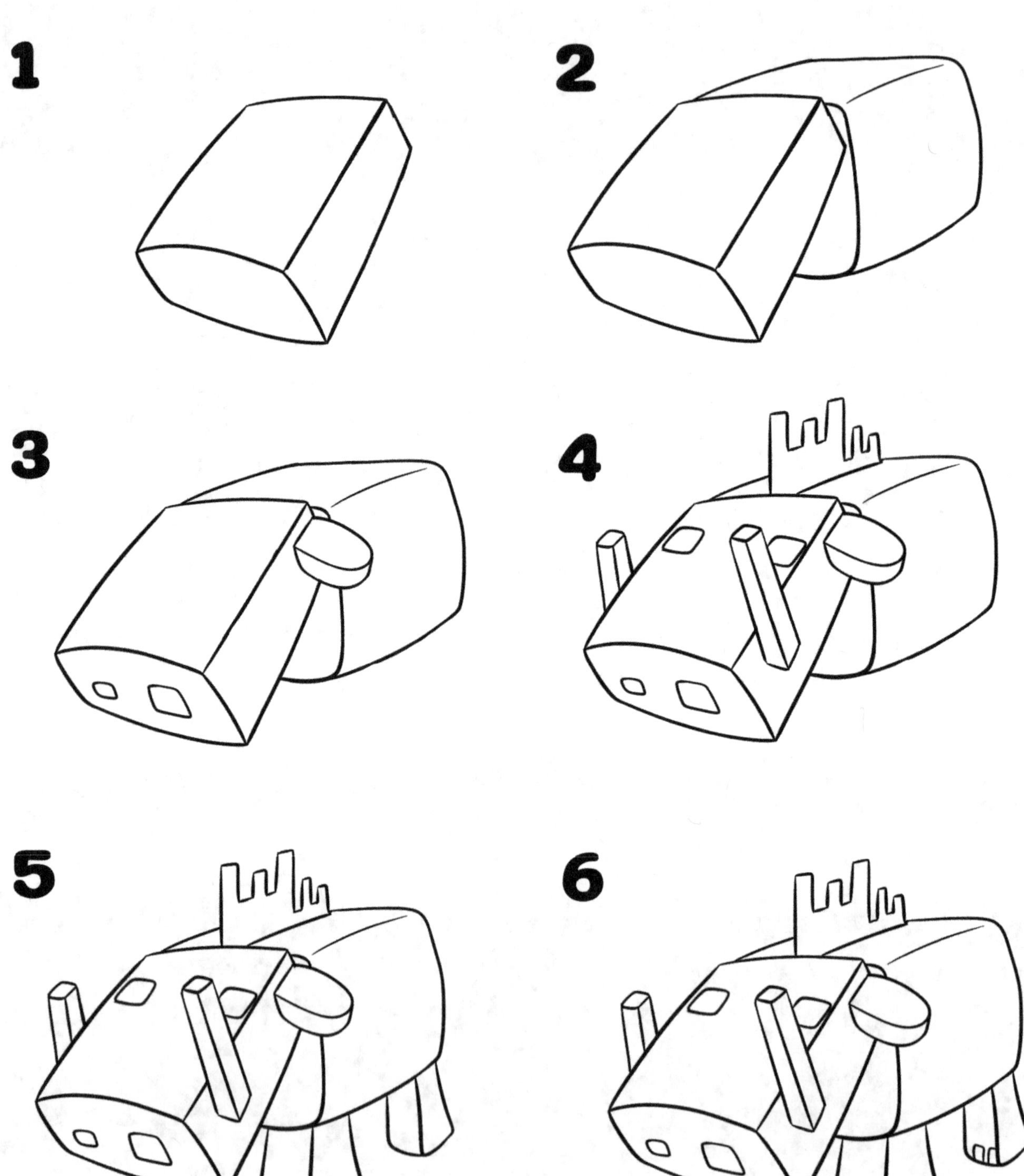

Now, it's your turn

Husk

Now, it's your turn

Magma Cube

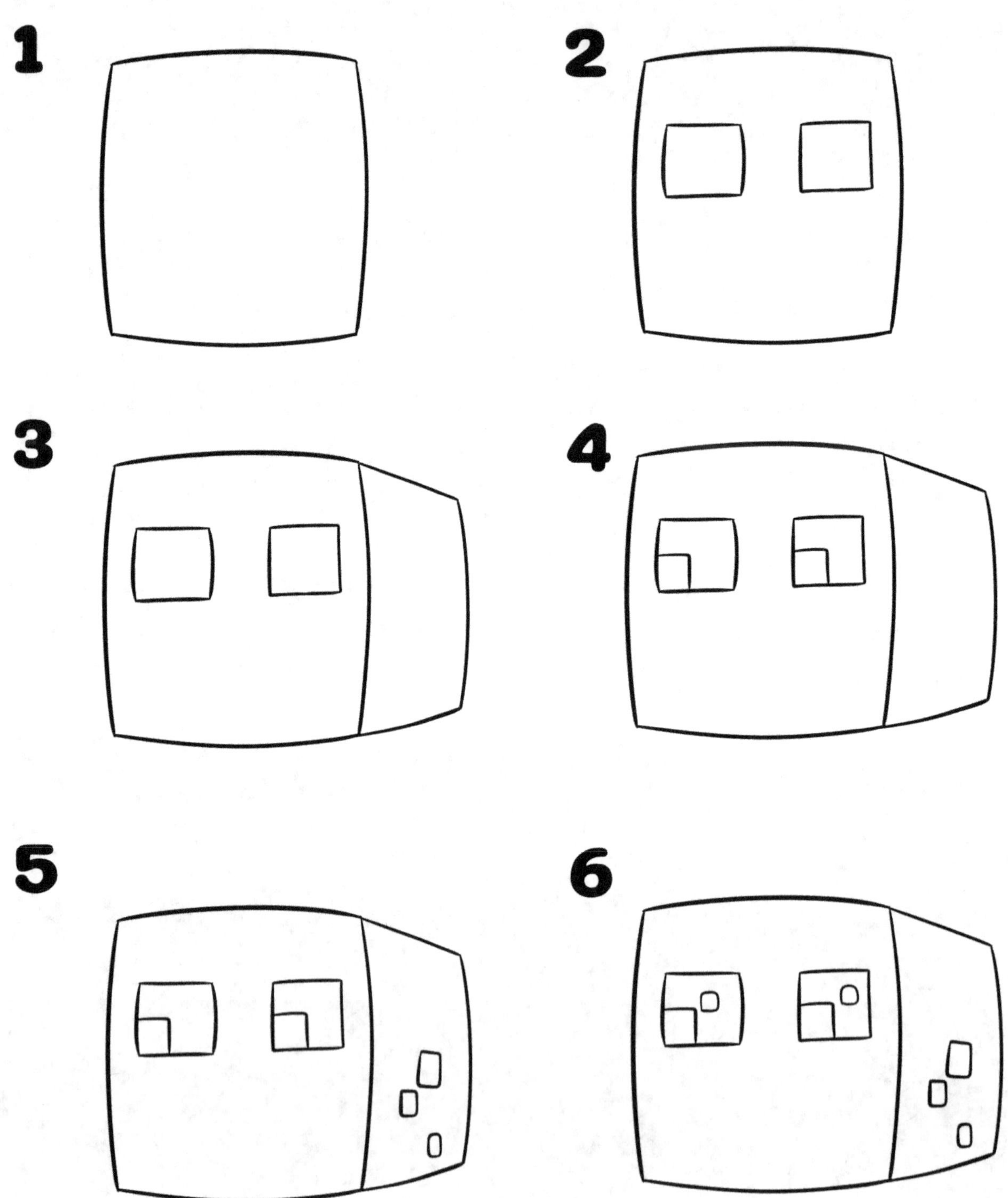

Now, it's your turn

Mooshroom

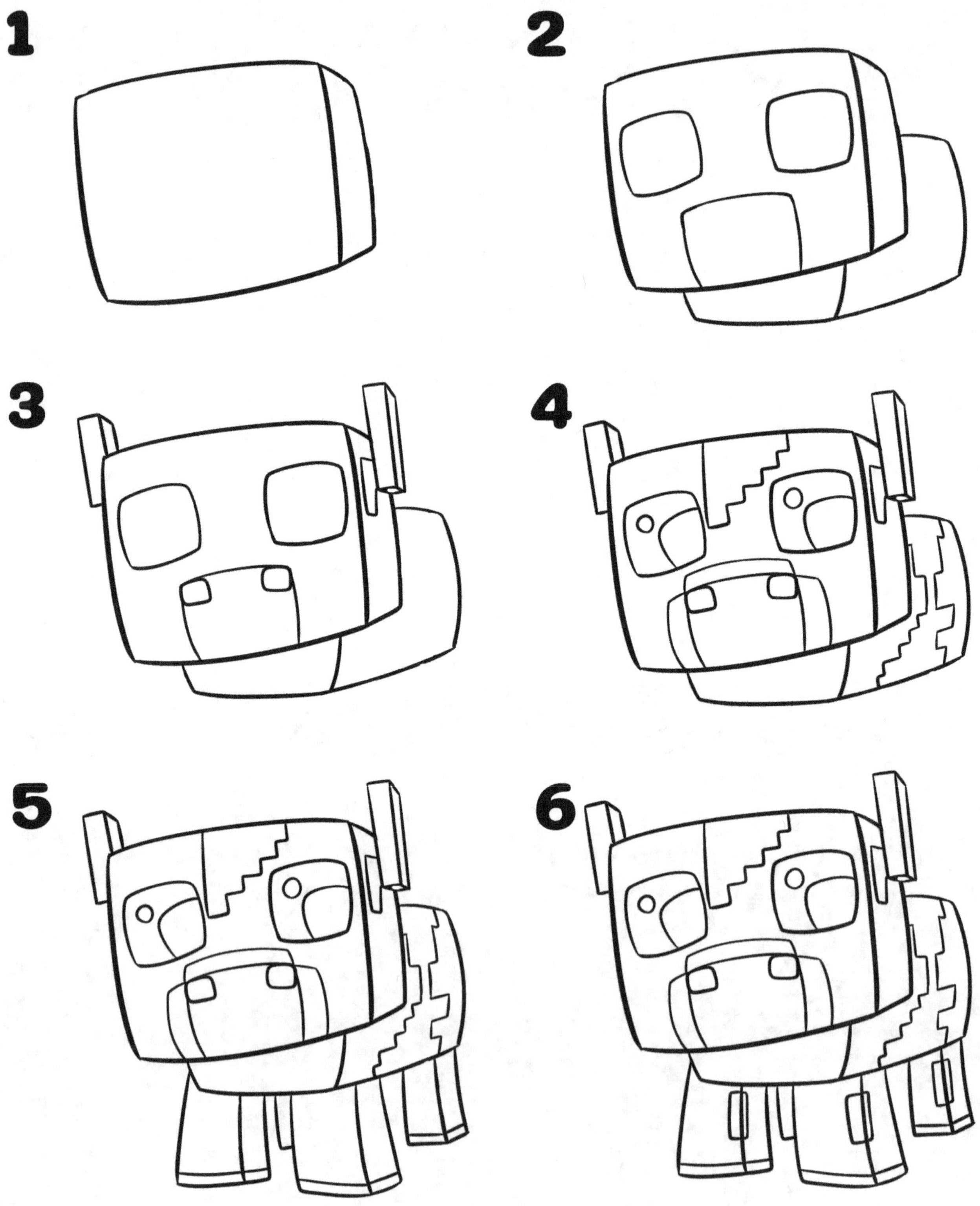

Now, it's your turn

Parrot

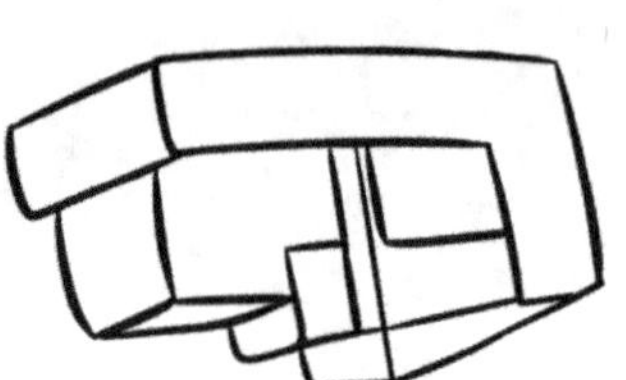

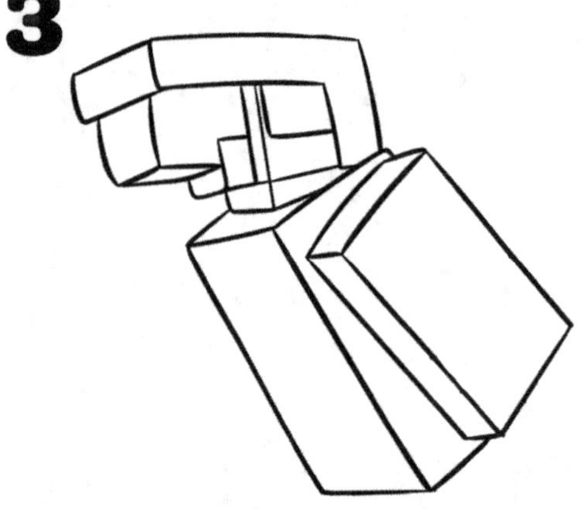

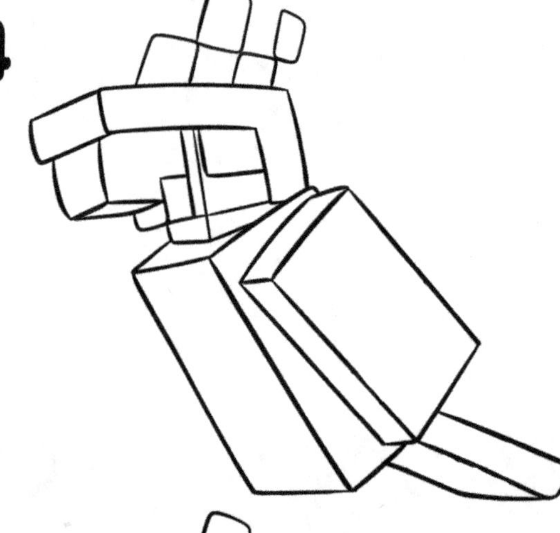

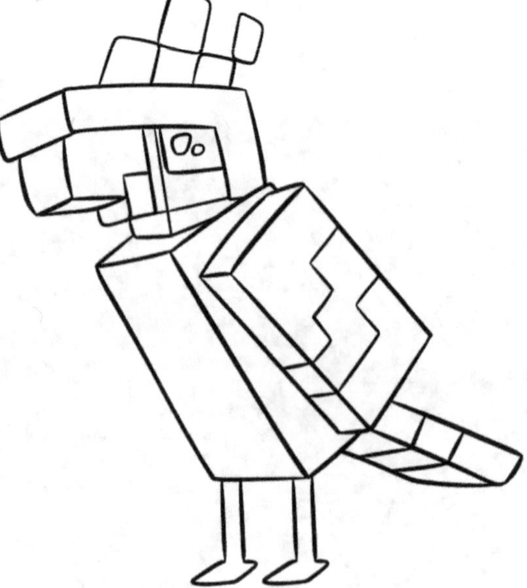

Now, it's your turn

Phantom

1

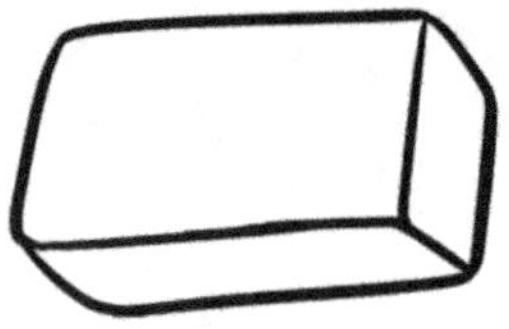

2

3

4

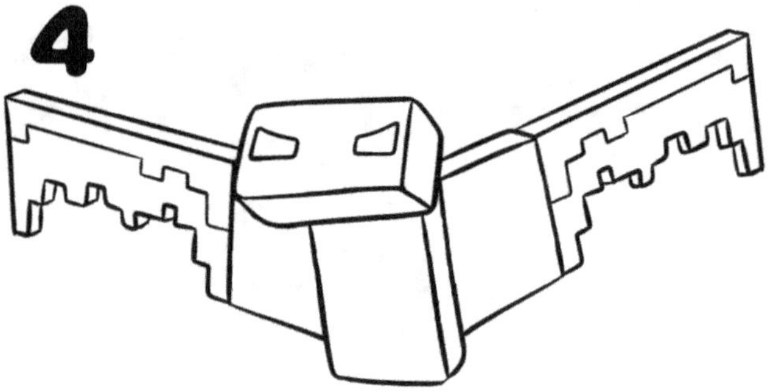

5

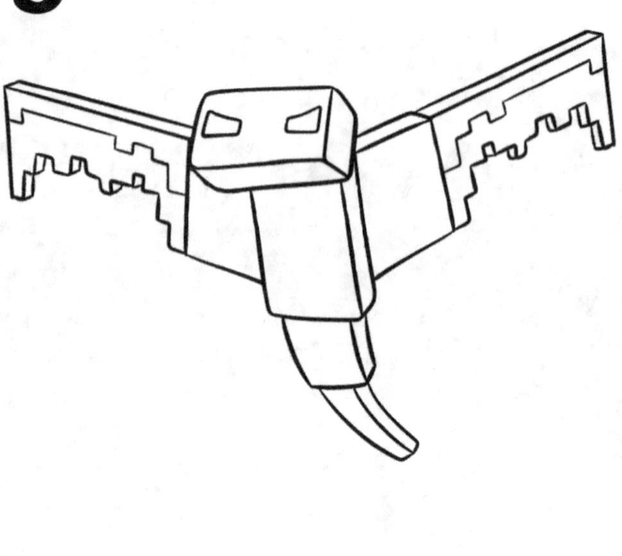

6

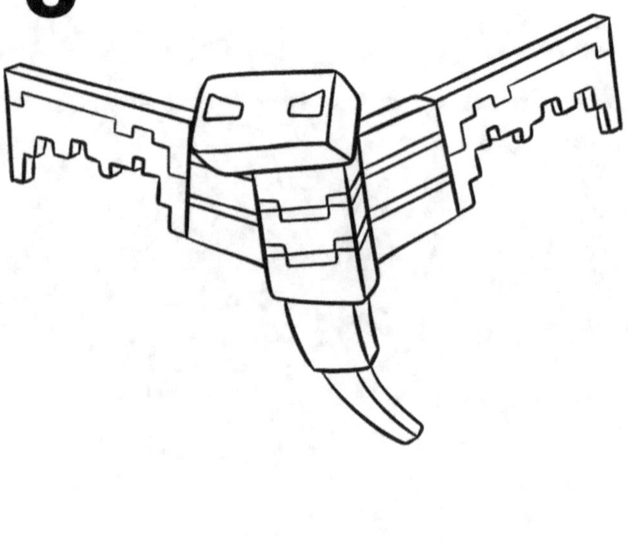

Now, it's your turn

Now, it's your turn

Pig

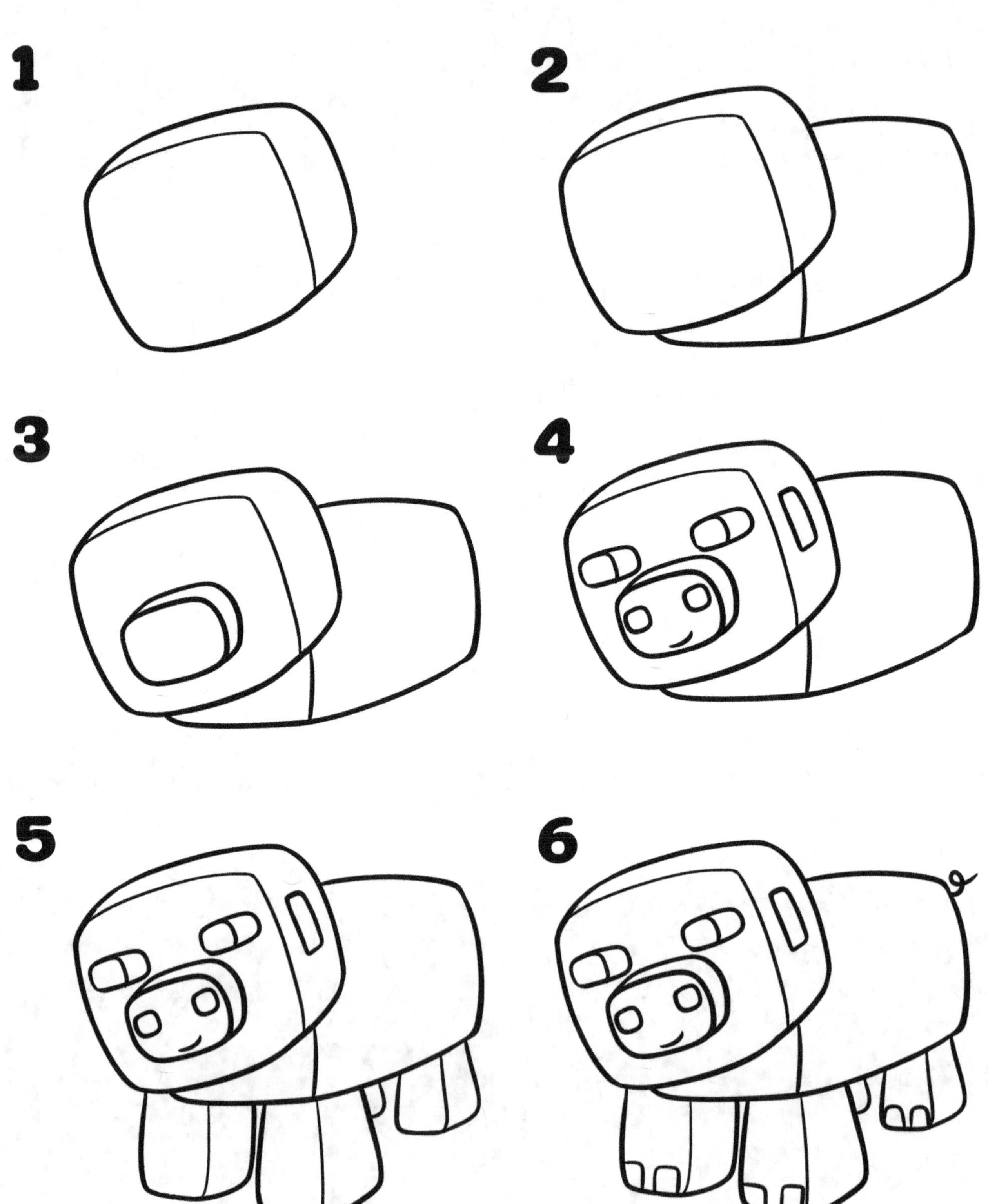

Now, it's your turn

Puffer fish

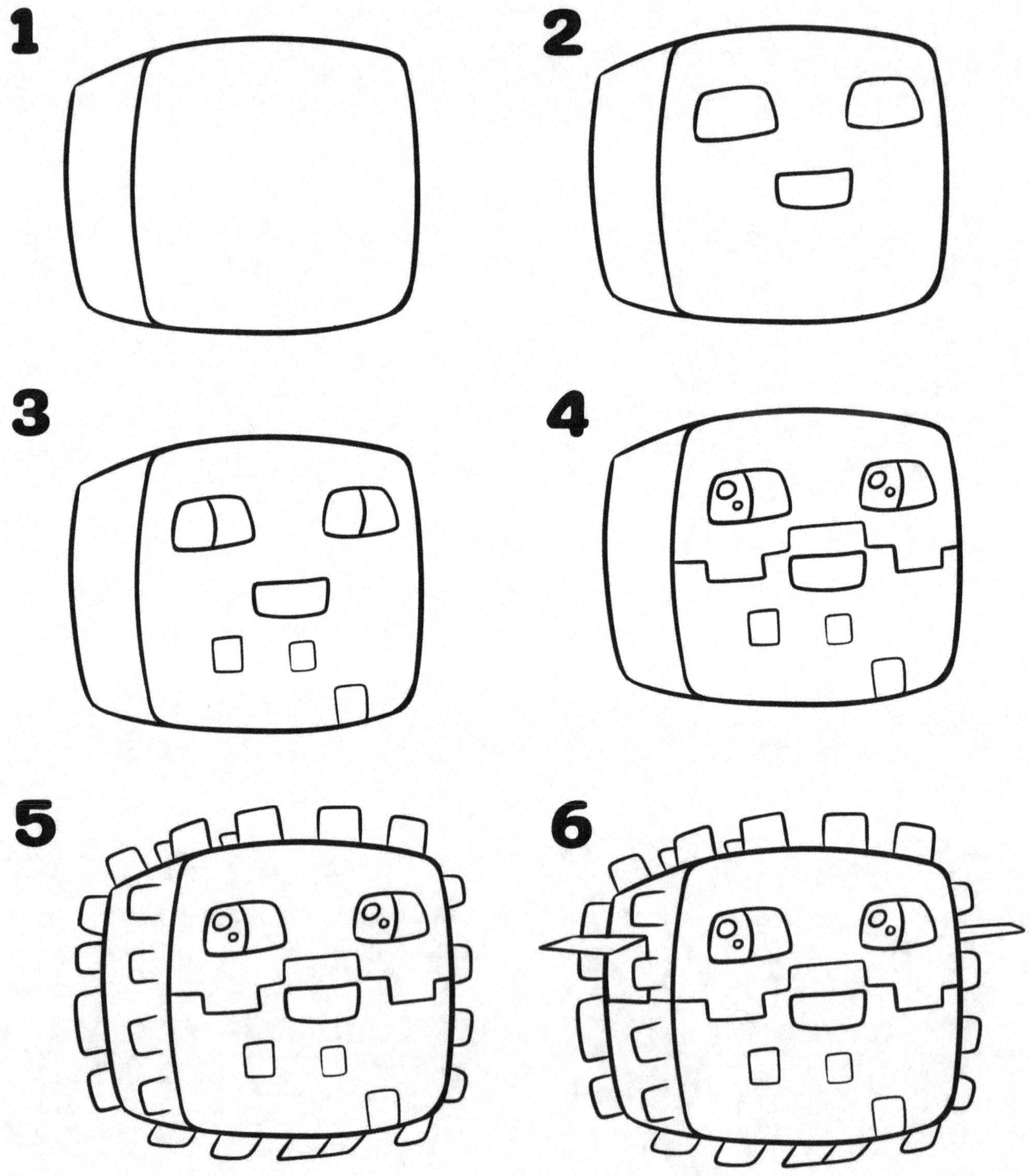

Now, it's your turn

Now, it's your turn

sheep

1

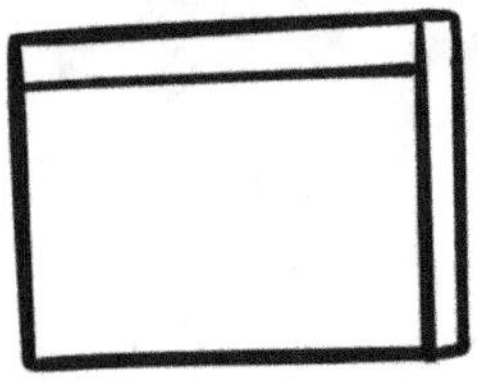

2

3

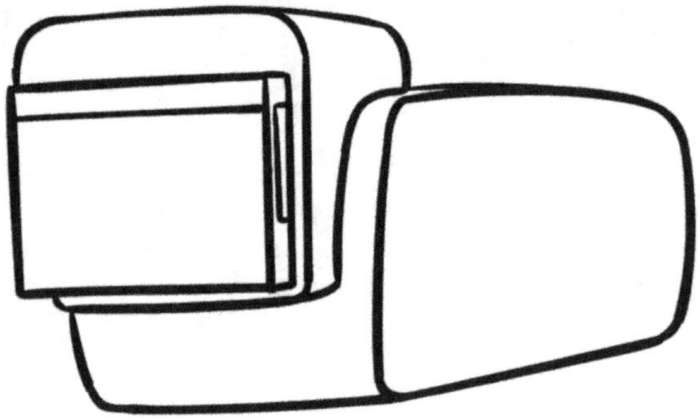

4

5

6

Now, it's your turn

Shulker

1

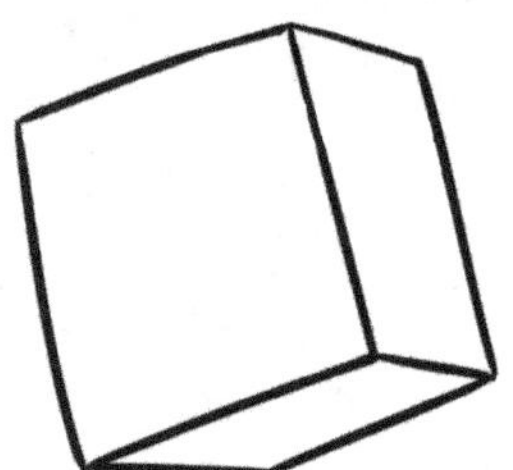

2

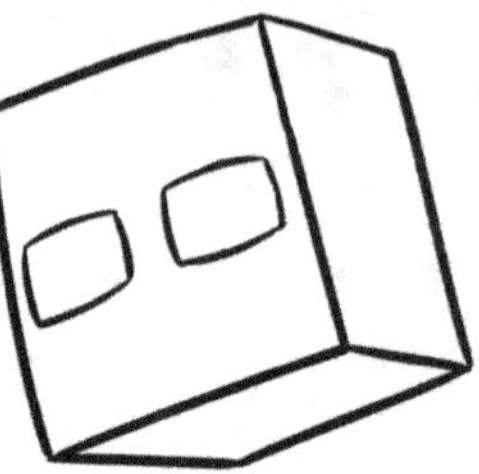

3

4

5

6

Now, it's your turn

Silver fish

1

2

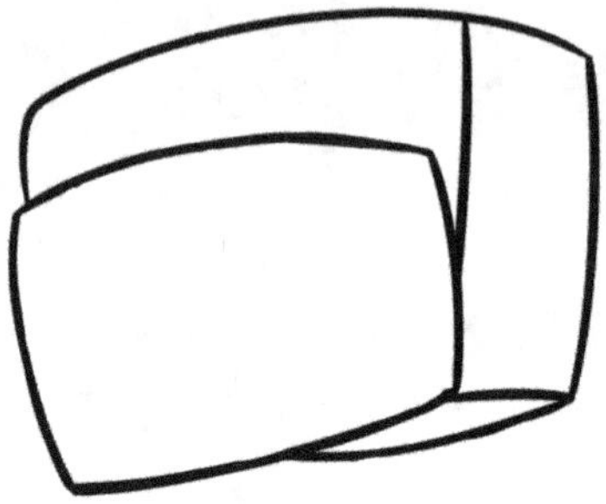

3

4

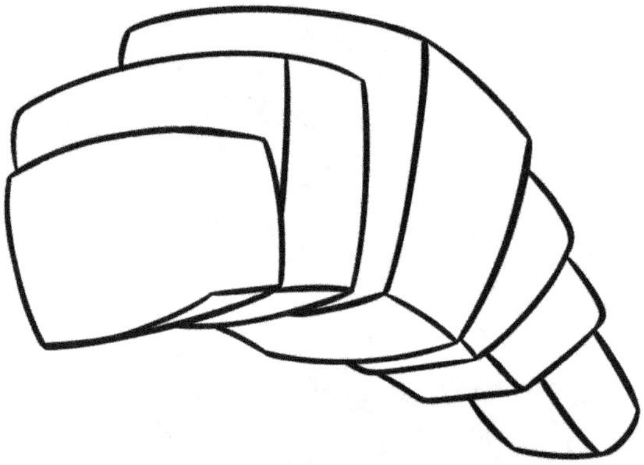

5

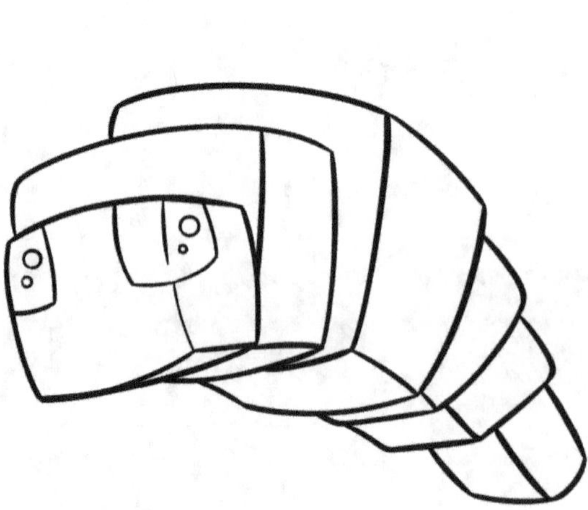

6

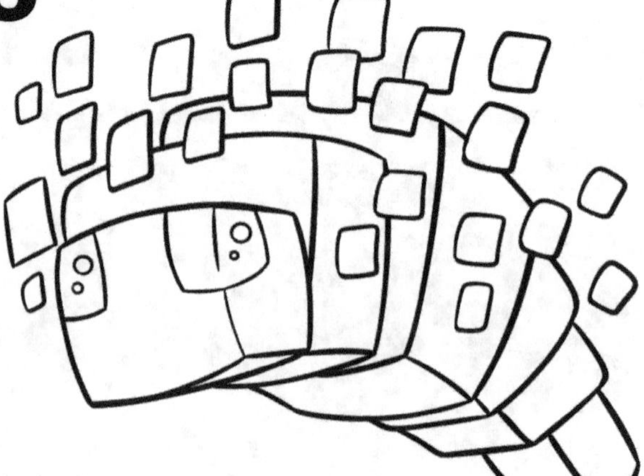

Now, it's your turn

Skeleton

1

2

3

4

5

6

Now, it's your turn

Now, it's your turn

Snow Golem

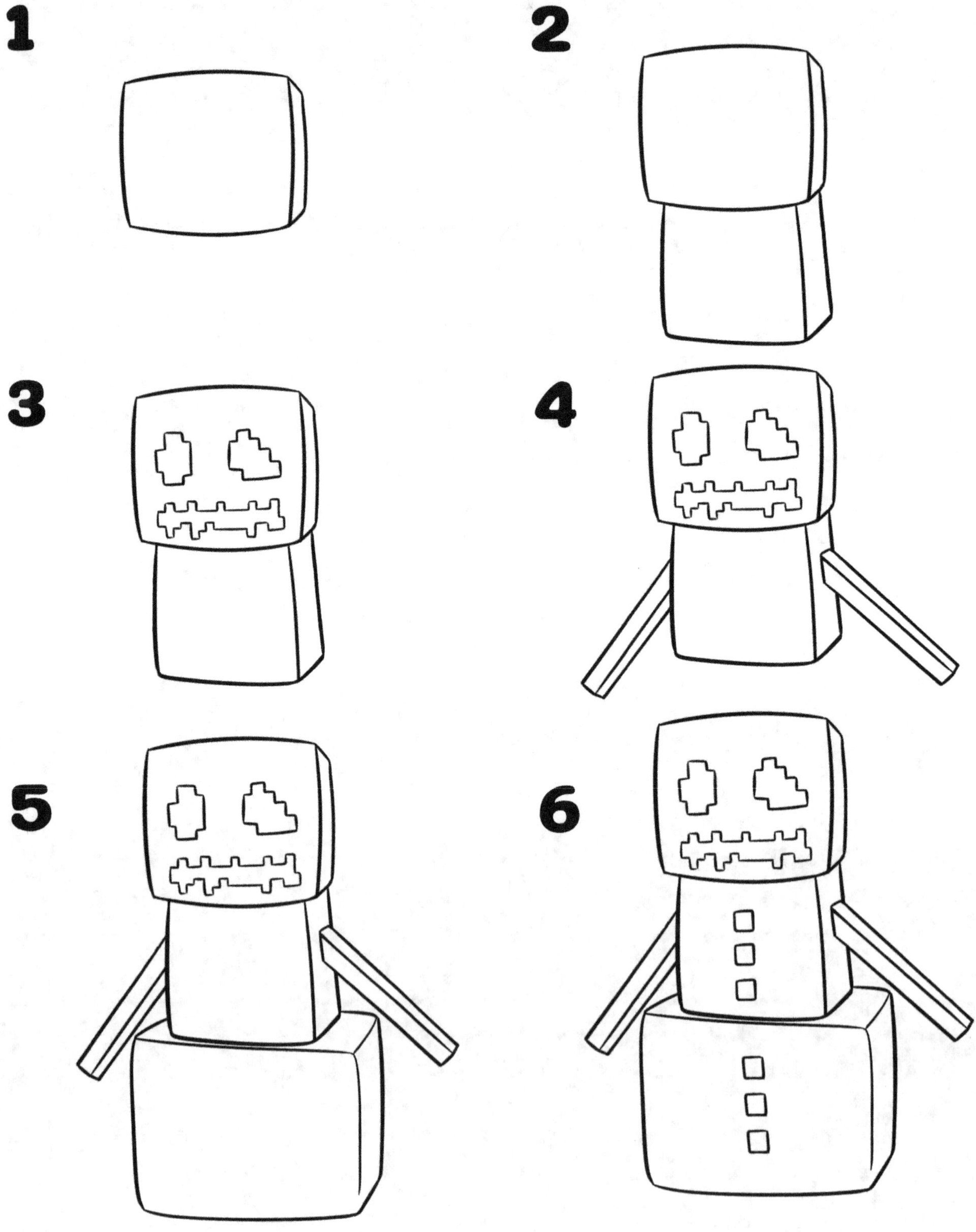

Now, it's your turn

Now, it's your turn

Squid

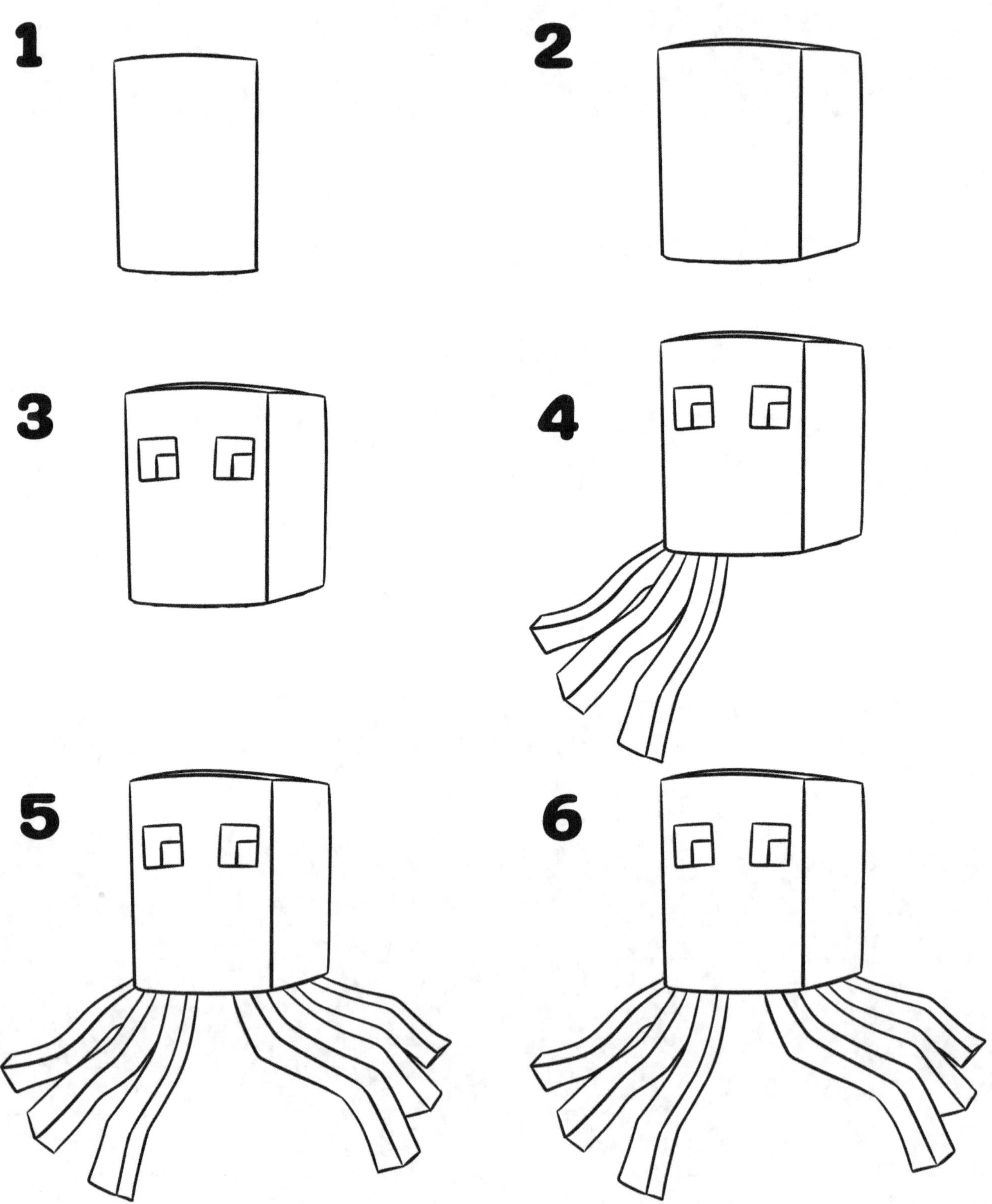

Now, it's your turn

Now, it's your turn

Steve

Now, it's your turn

Stray

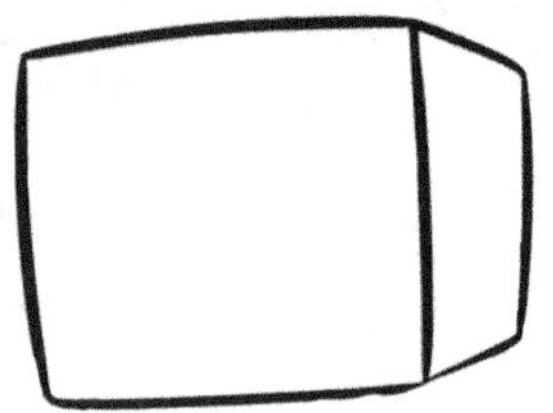

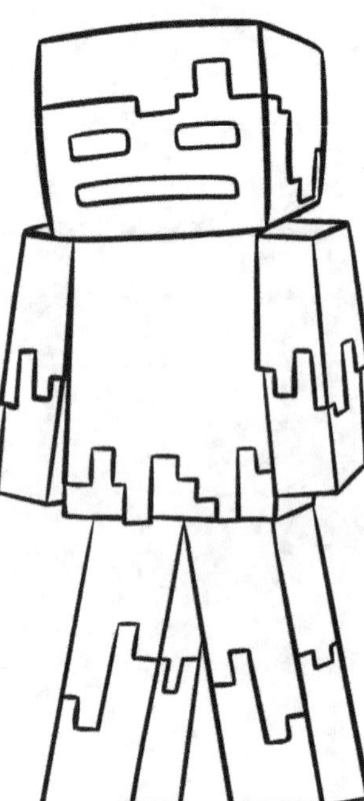

Now, it's your turn

Now, it's your turn

Strider

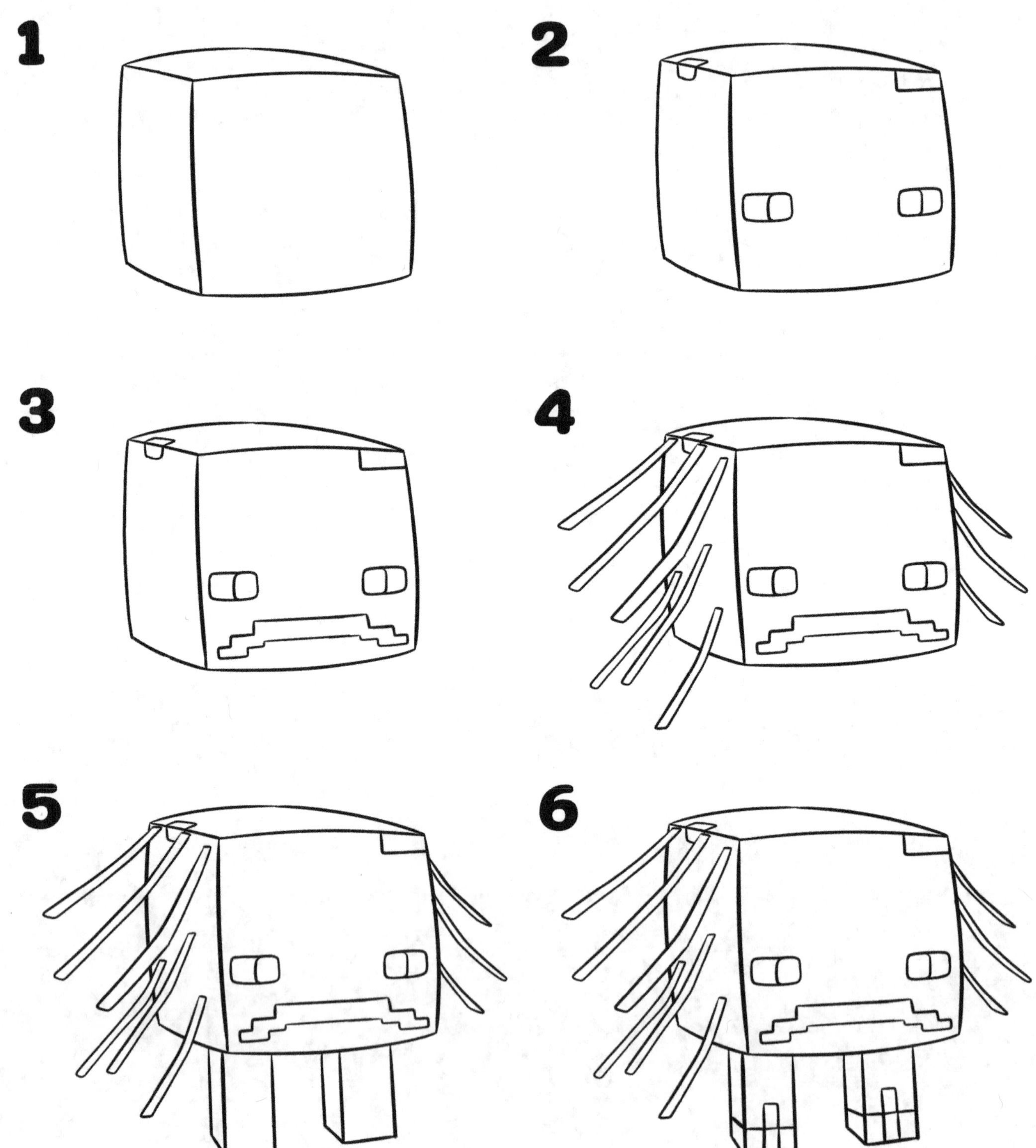

Now, it's your turn

Tropical Fish

1

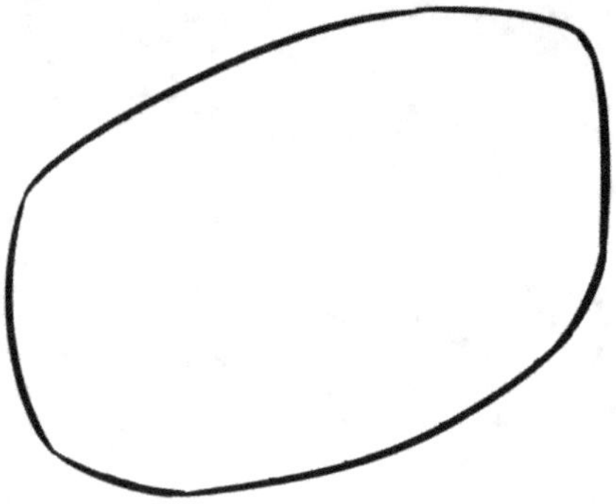

2

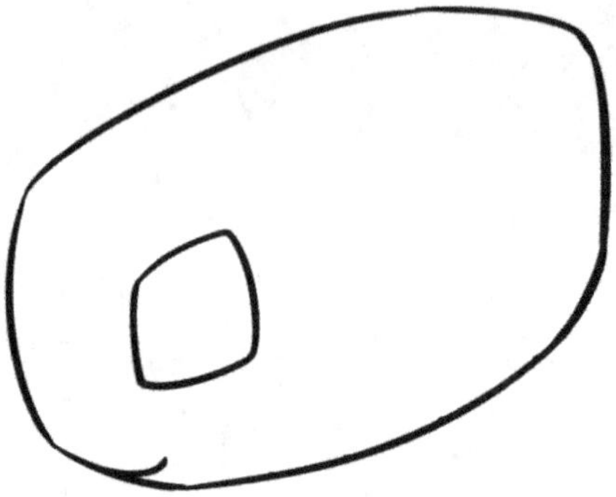

3

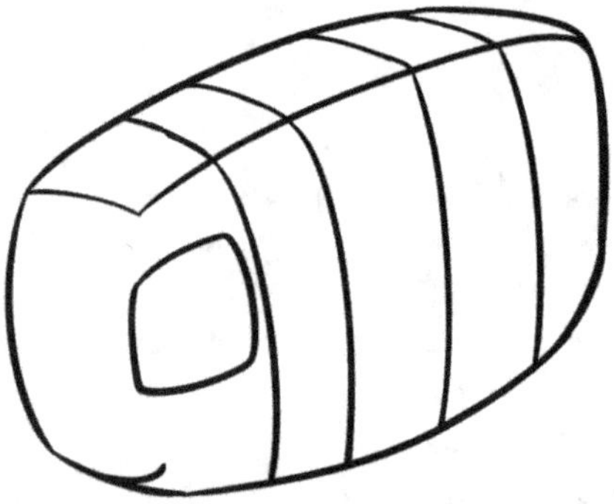

4

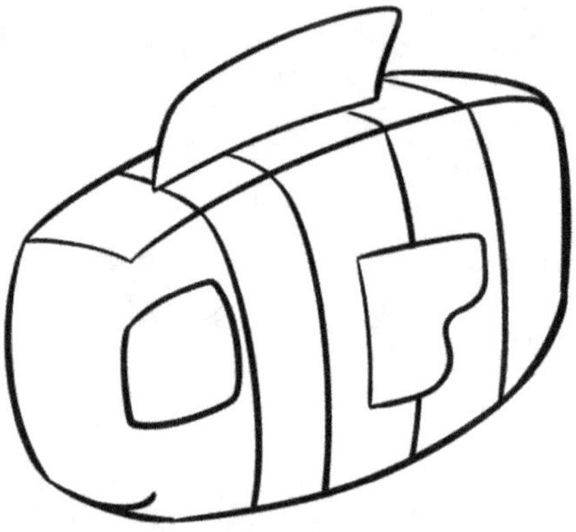

5

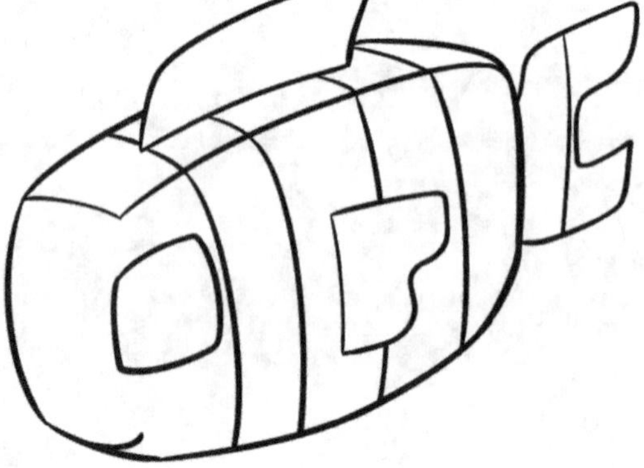

6

Now, it's your turn

Vex

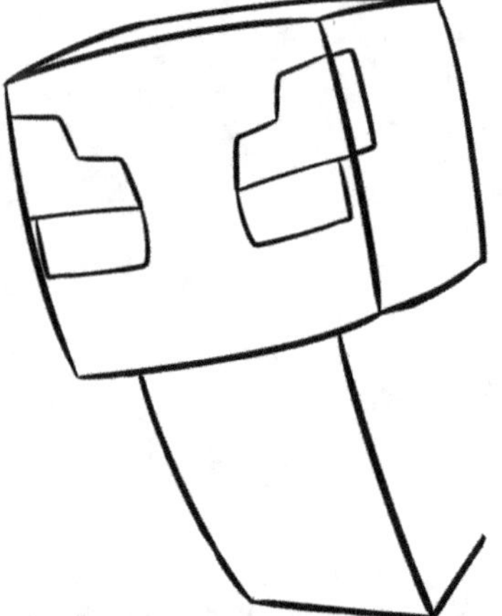

Now, it's your turn

Villager

1

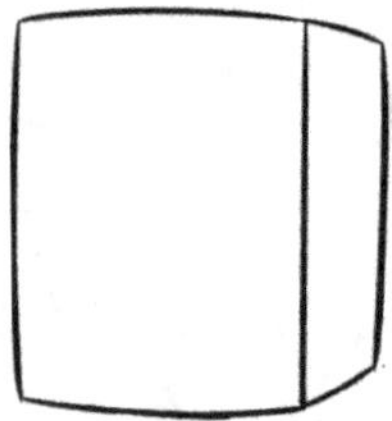

2

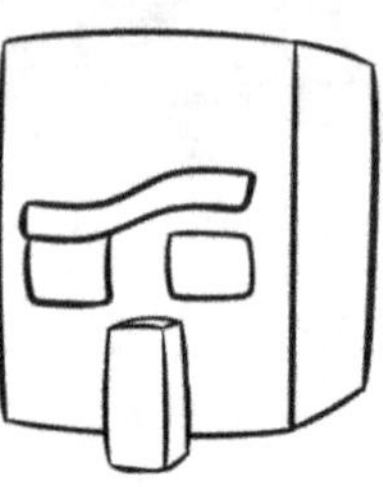

3

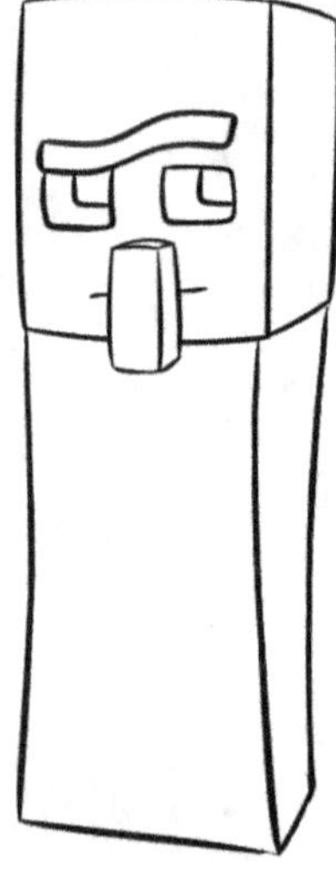

4

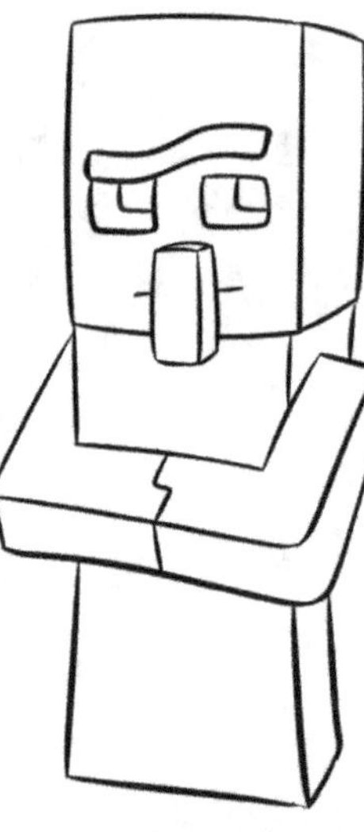

5

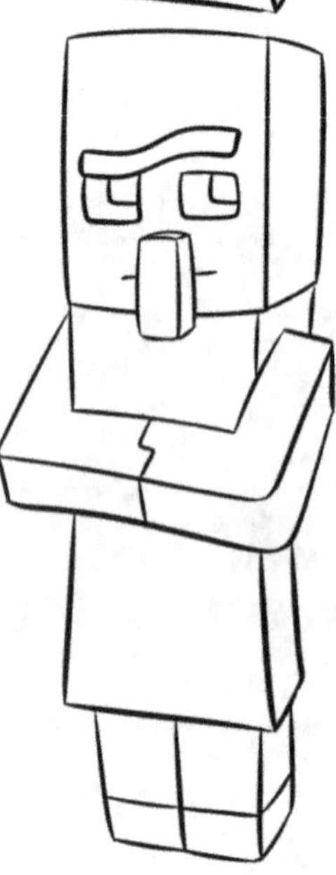

6

Now, it's your turn

Now, it's your turn

Vindicator

1

2

3

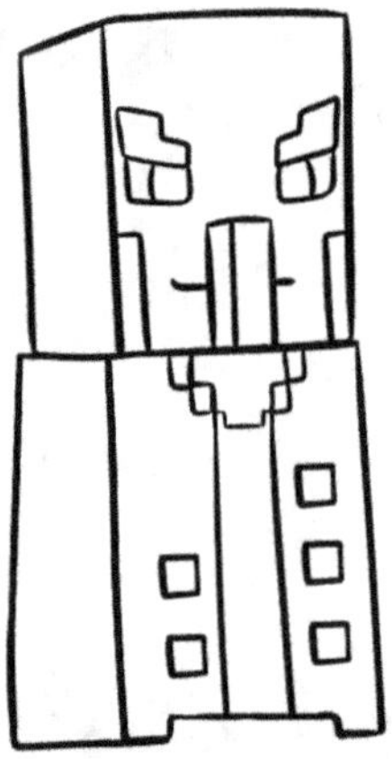

4

5

6

Now, it's your turn

Witcher Skeleton

Now, it's your turn

Zombie

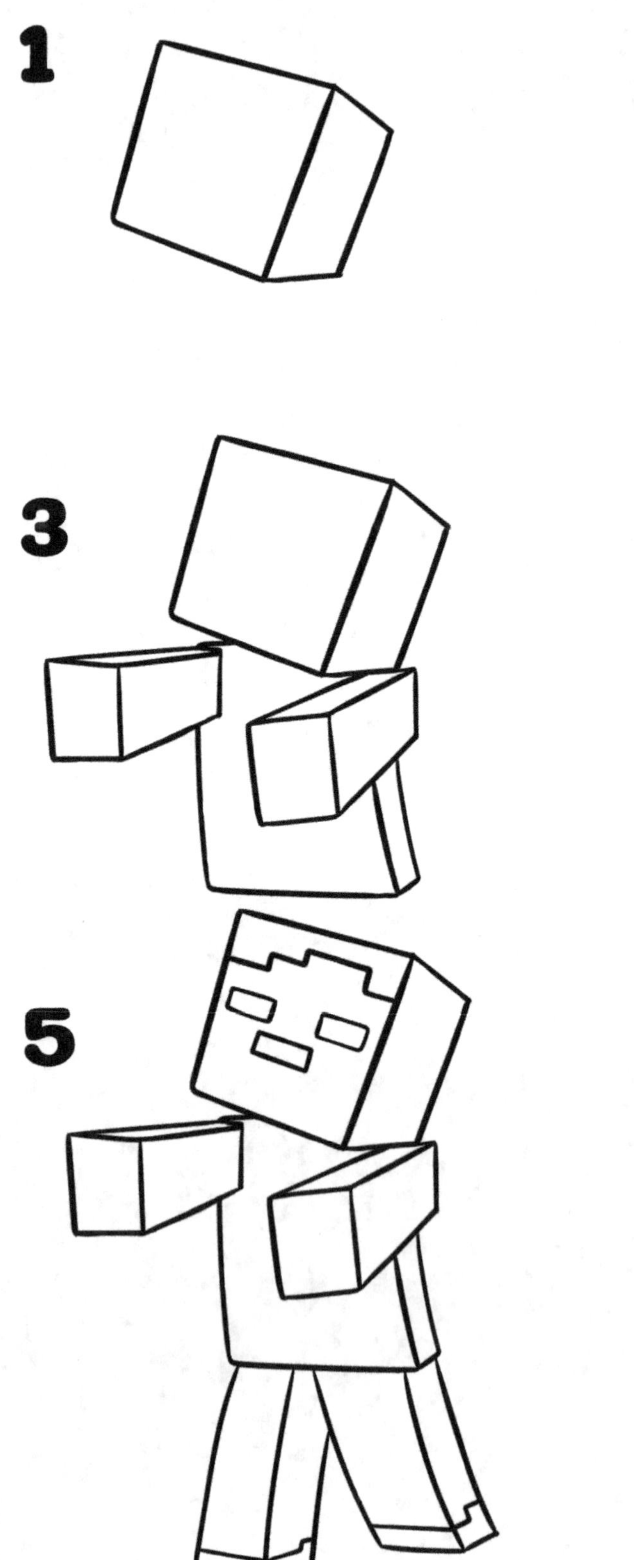

Now, it's your turn

Alex

1

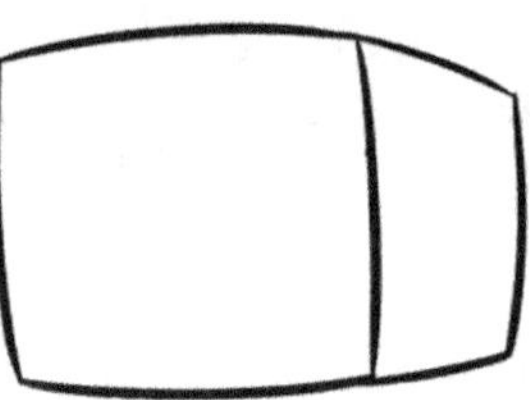

2

3

4

5

6

Now, it's your turn

Baby Enderman

1

2

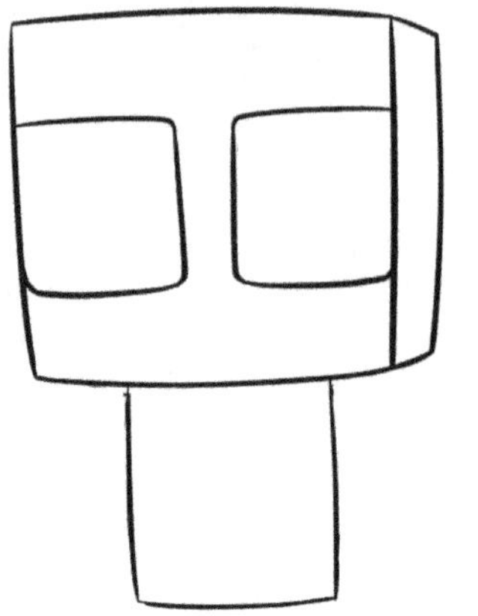

3

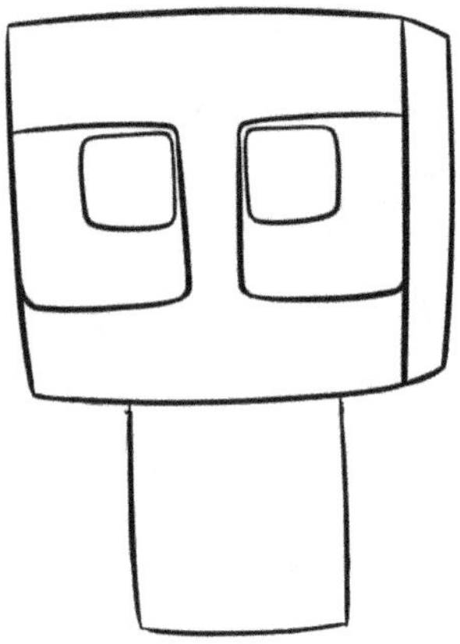

4

5

6

Now, it's your turn

Now, it's your turn

Baby witch

1

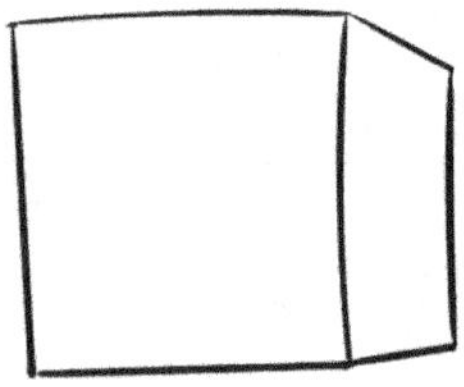

2

3

4

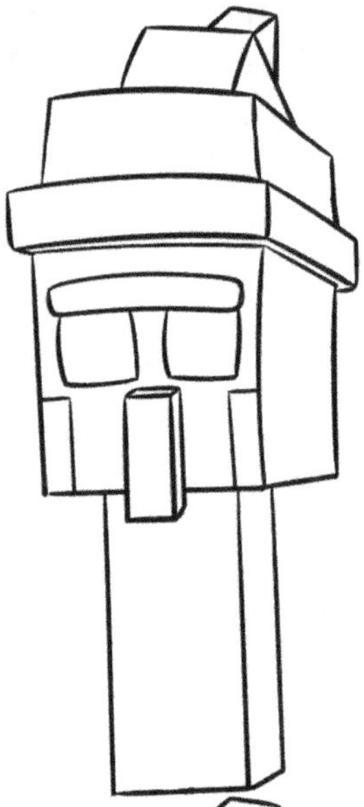

5

6

Now, it's your turn

Now, it's your turn

Baby Panda

1

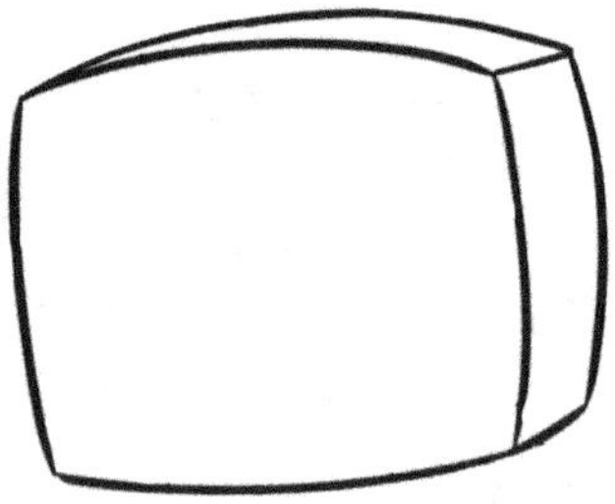

2

3

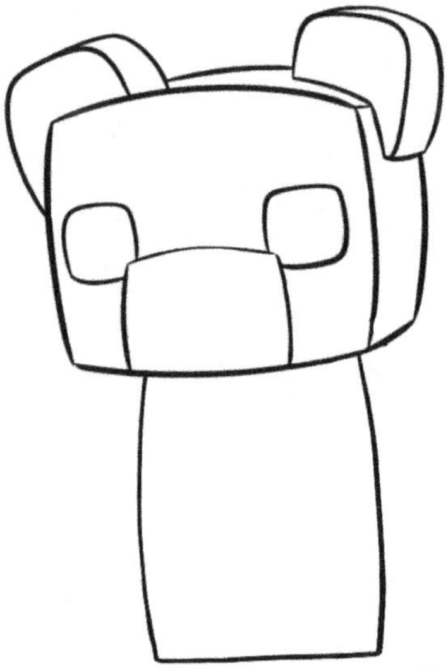

4

5

6

Now, it's your turn

Baby Villager

1

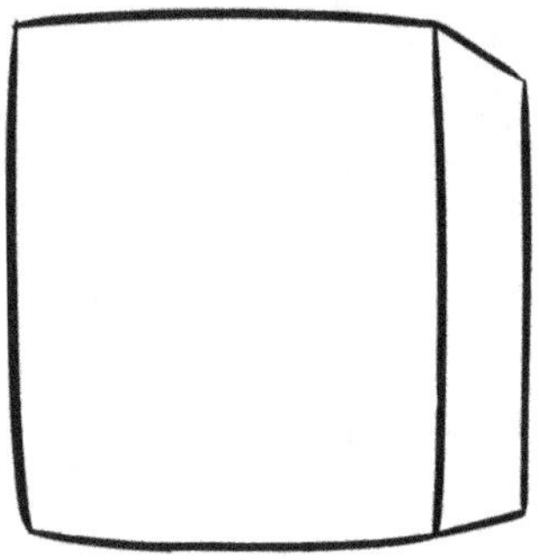

2

3

4

5

6

Now, it's your turn

Now, it's your turn

Bat

1

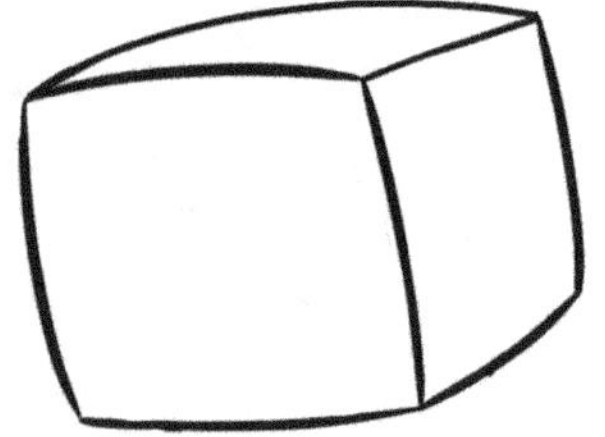

2

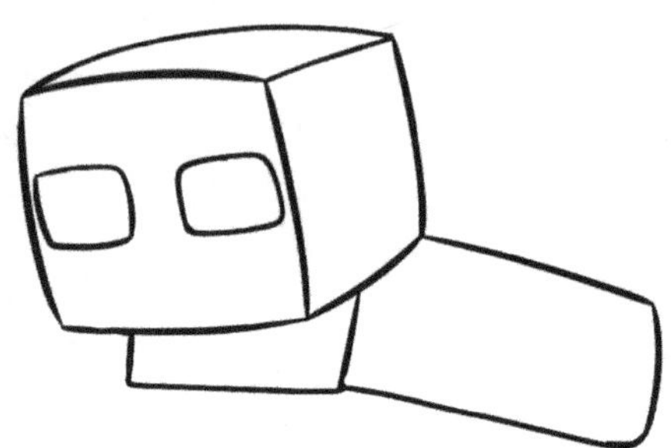

3

4

5

6

Now, it's your turn

Blaze

1. 

2. 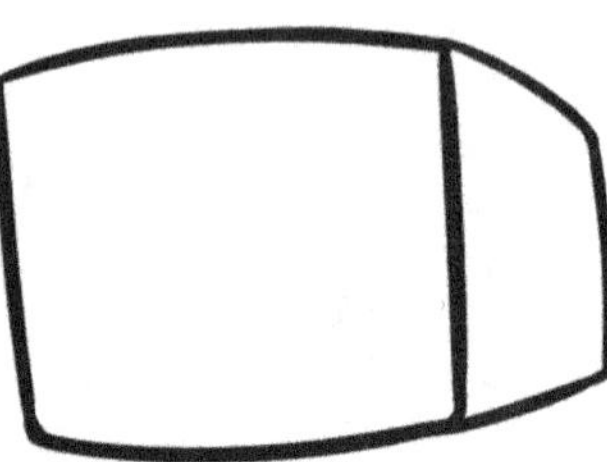

3. 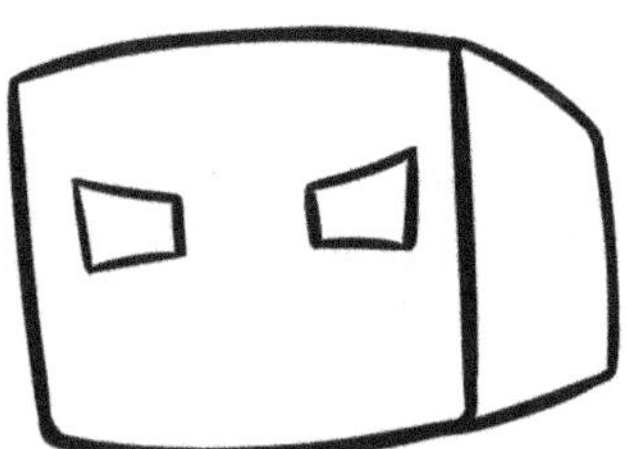

4. 

5. 

6. 

Now, it's your turn

Ghast

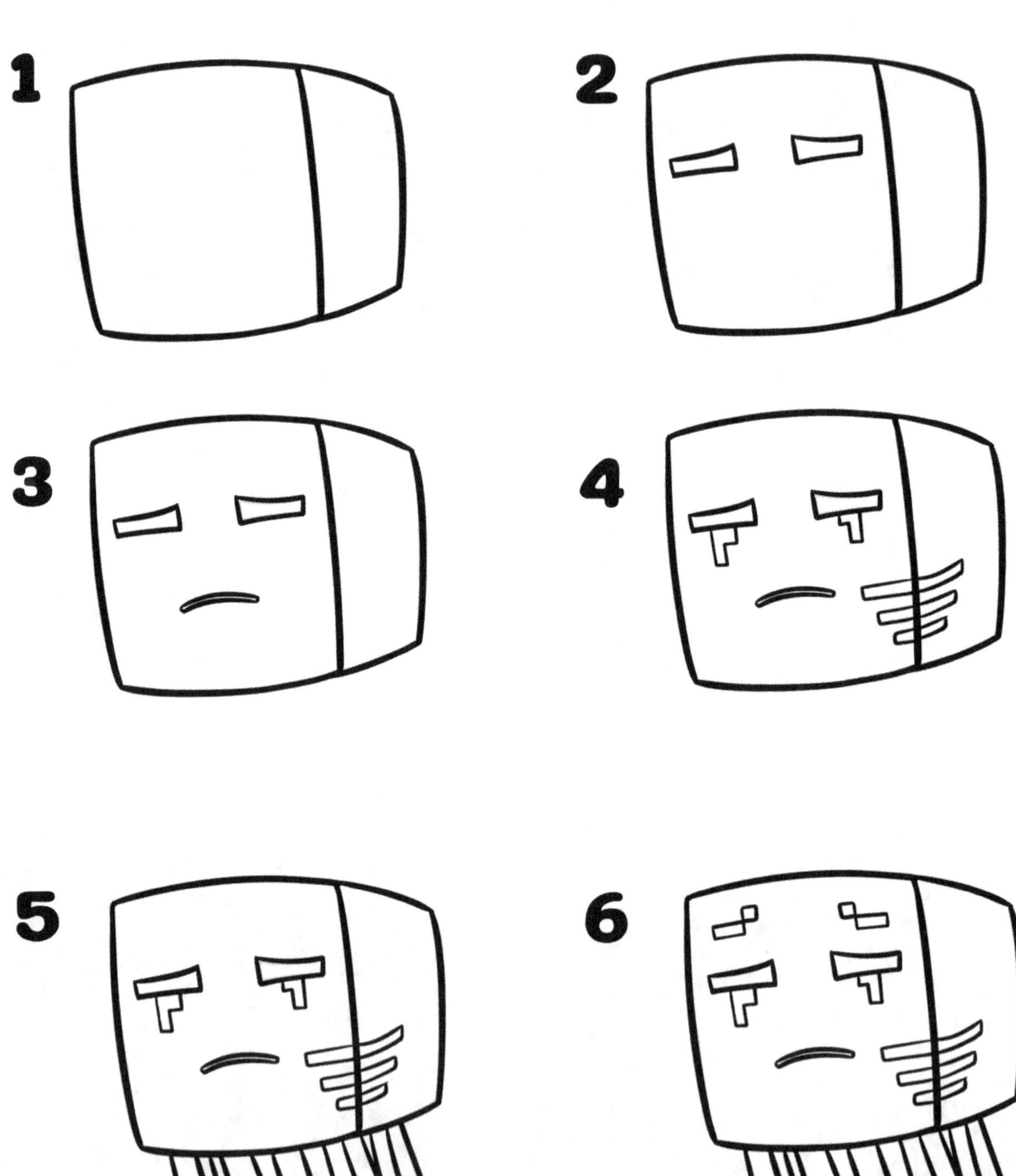

Now, it's your turn

Now, it's your turn

llama

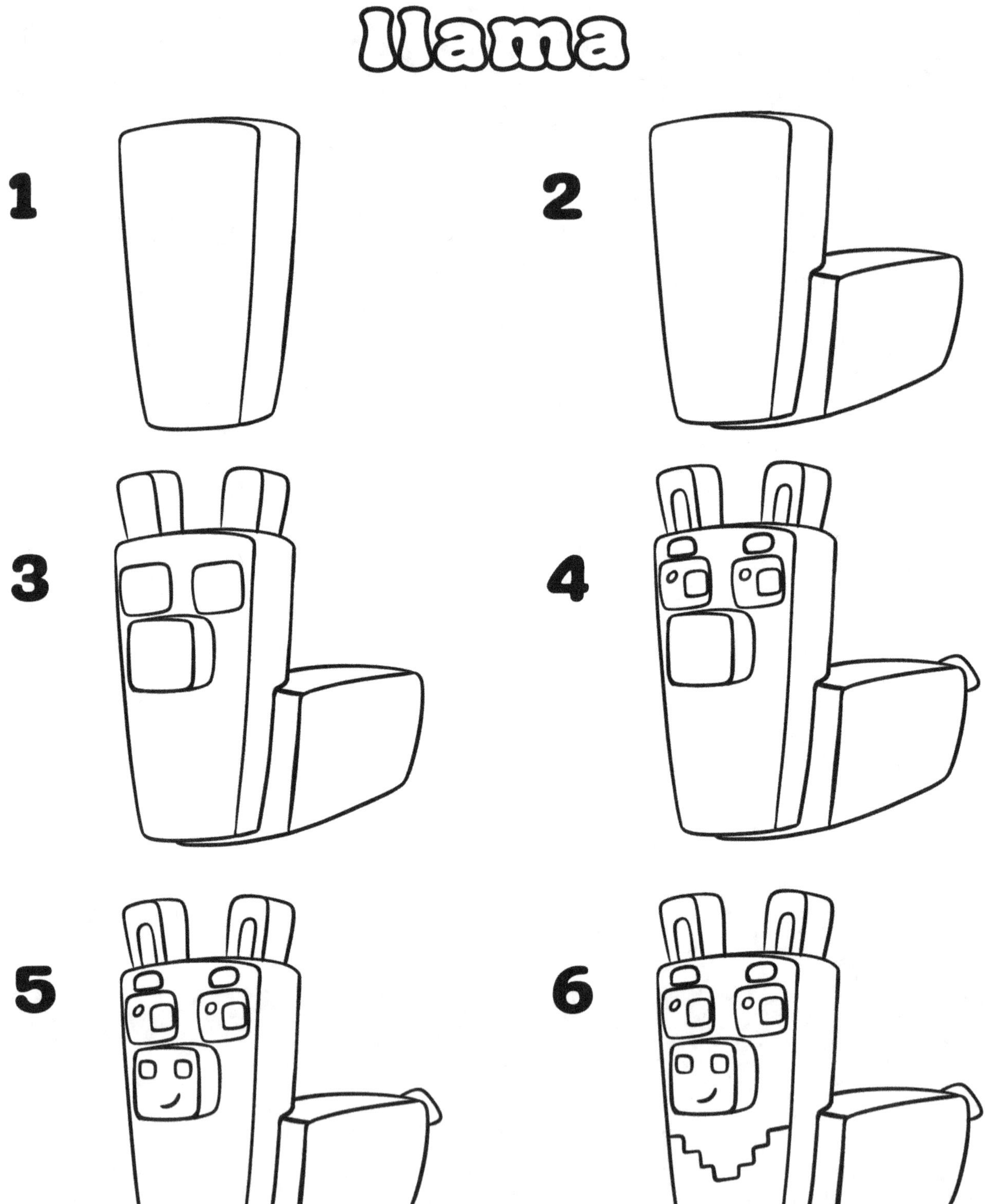

Now, it's your turn

Slime

Now, it's your turn

Spider

1

2

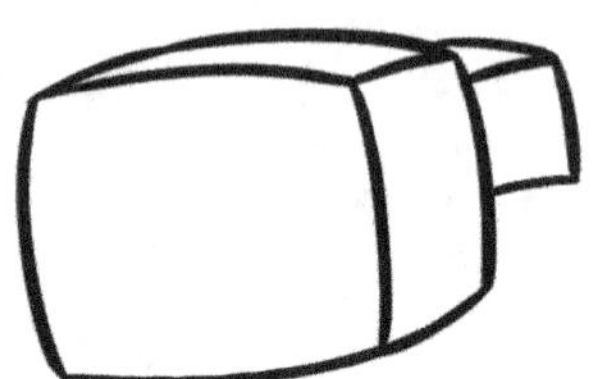

3

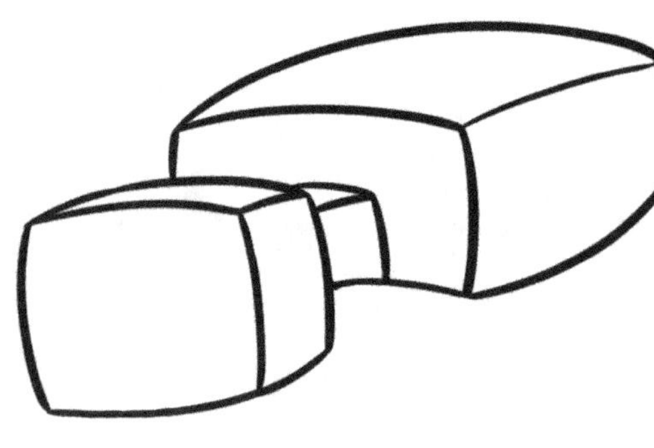

4

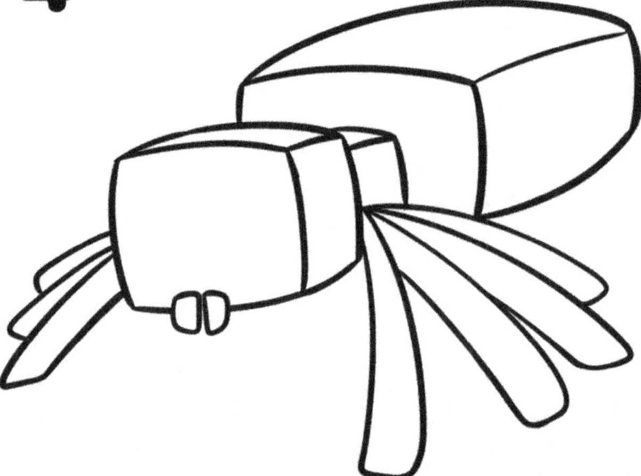

5

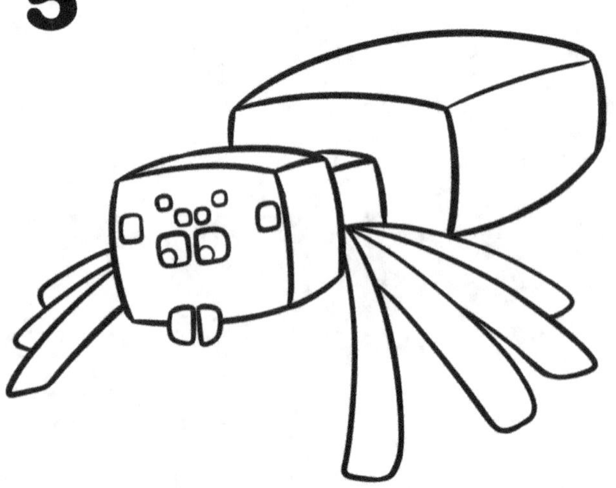

6

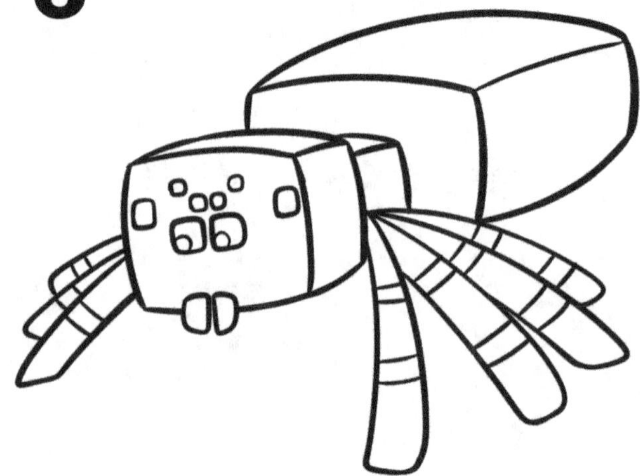

Now, it's your turn

Now, it's your turn

witch

1

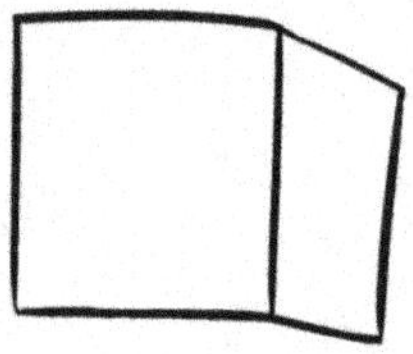

2

3

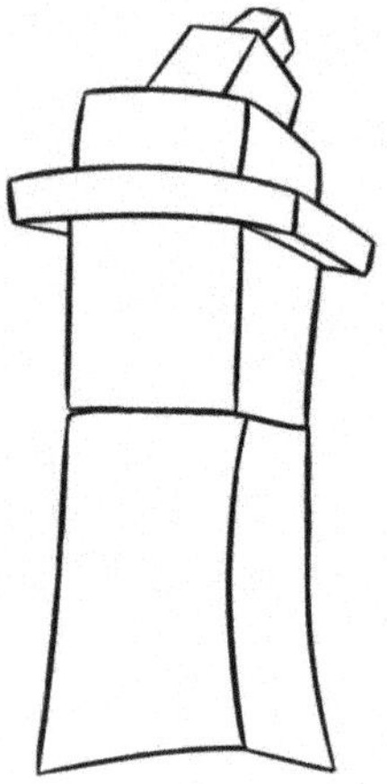

4

5

6

Now, it's your turn

Now, it's your turn

Axolotl

1

2

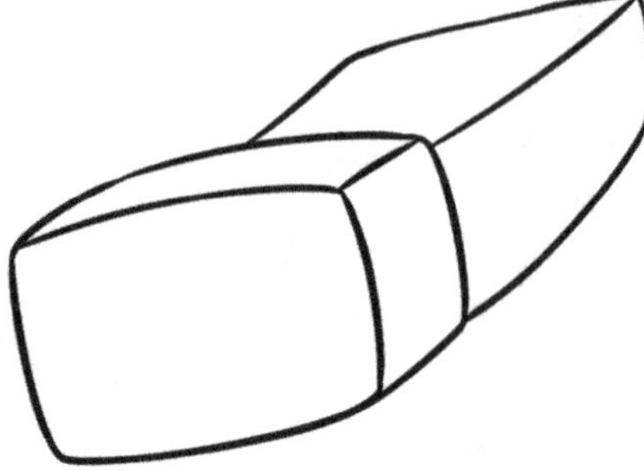

3

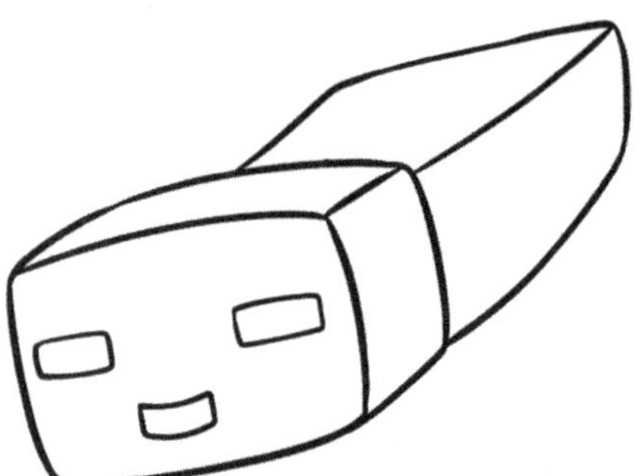

4

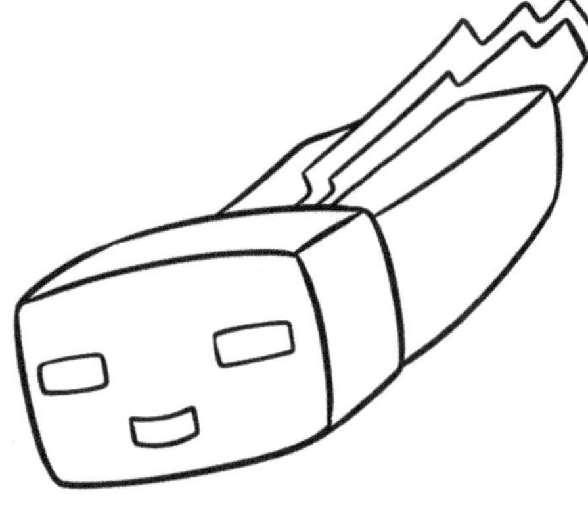

5

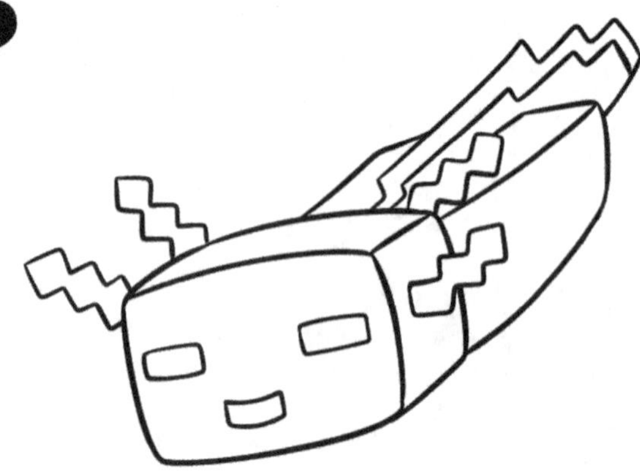

6

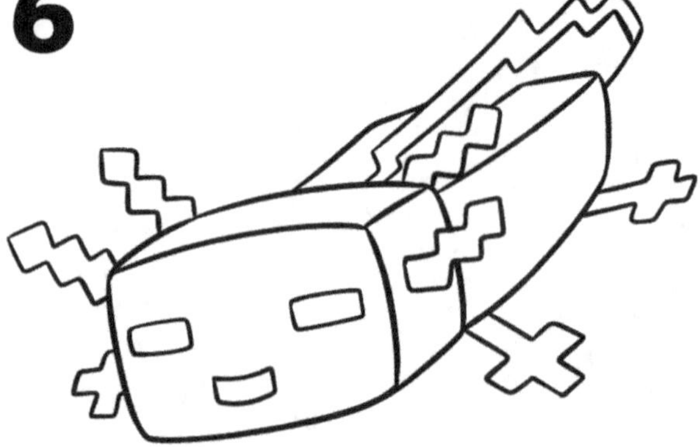

Now, it's your turn

Baby Blaze

1

2

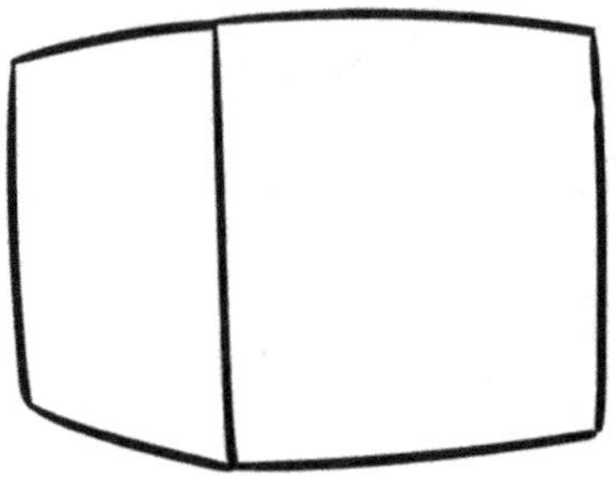

3

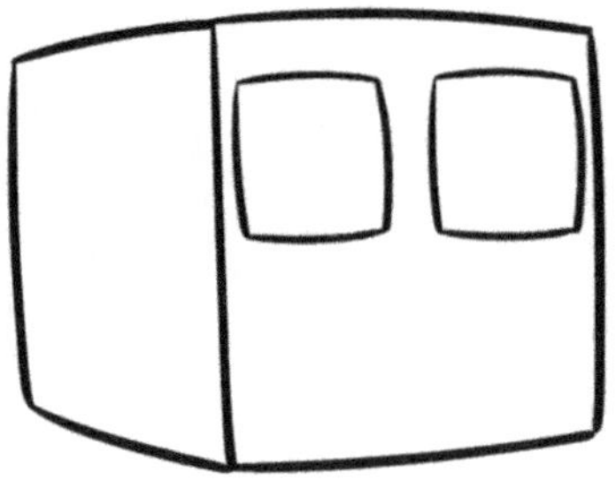

4

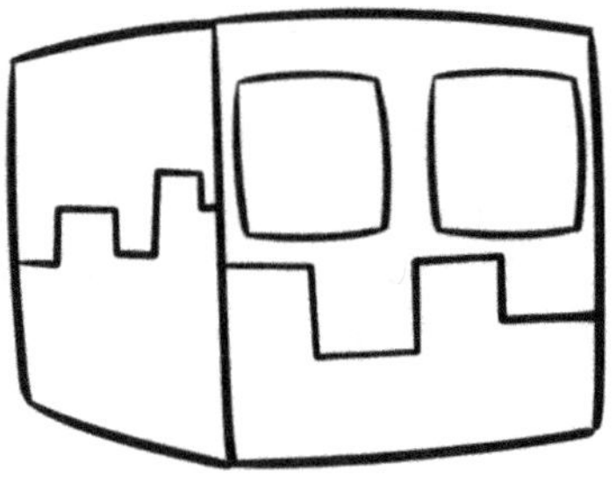

5

6

Now, it's your turn

Baby Crepper

Now, it's your turn

Baby Drowned

Now, it's your turn

Baby Husk

1

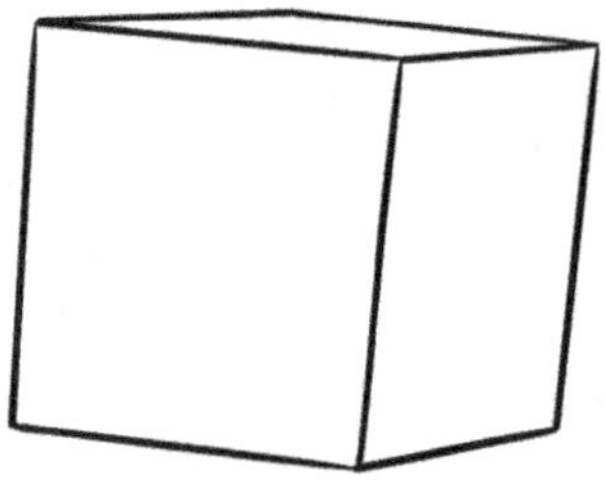

2

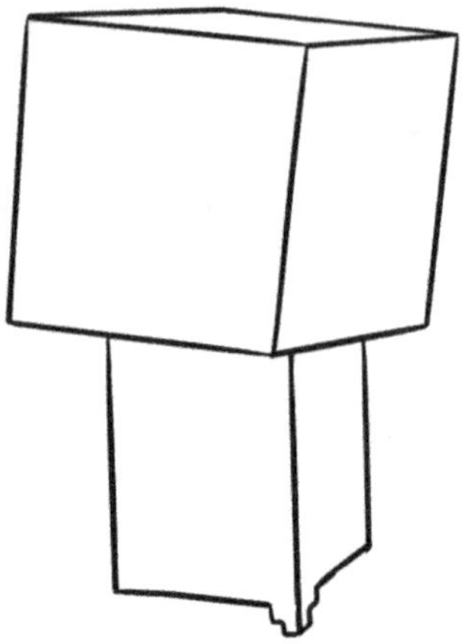

3

4

5

6

Now, it's your turn

Baby Iron Golem

1

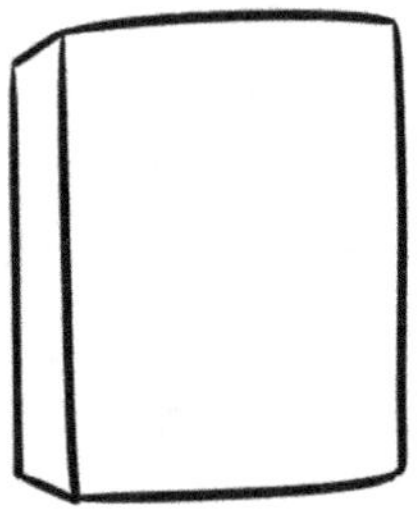

2

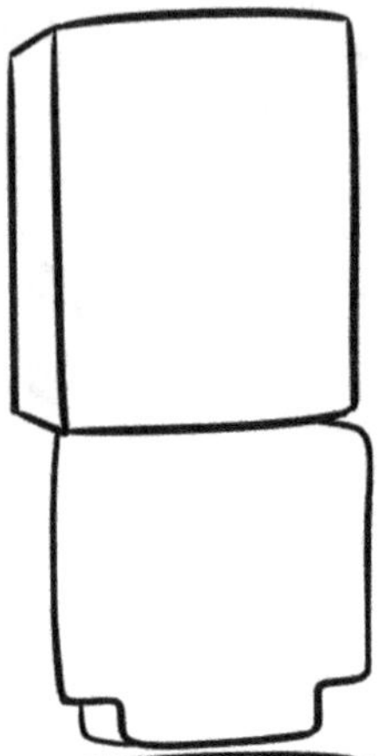

3

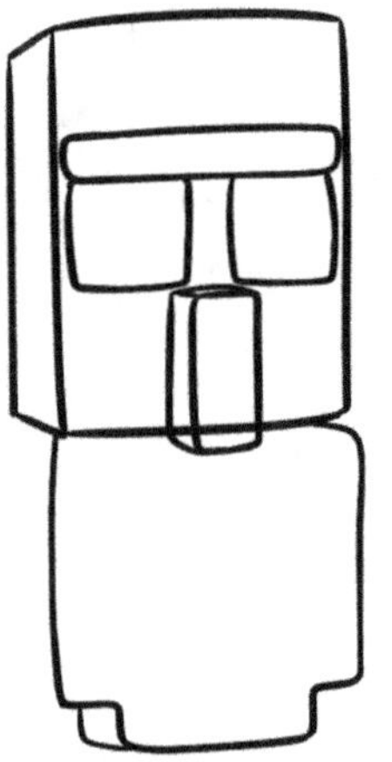

4

5

6

Now, it's your turn

Baby Ocelot

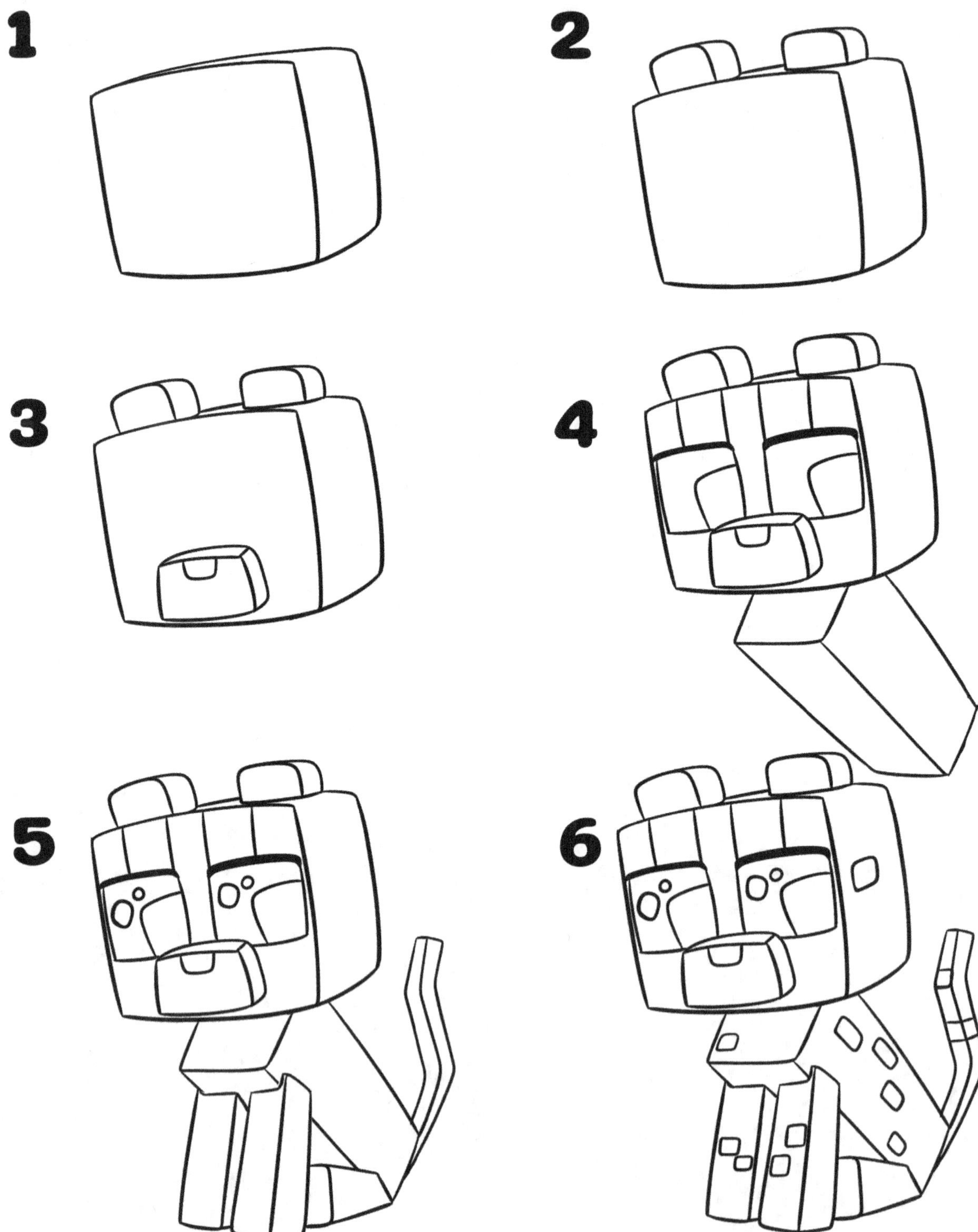

Now, it's your turn

Now, it's your turn

Baby Parrot

1

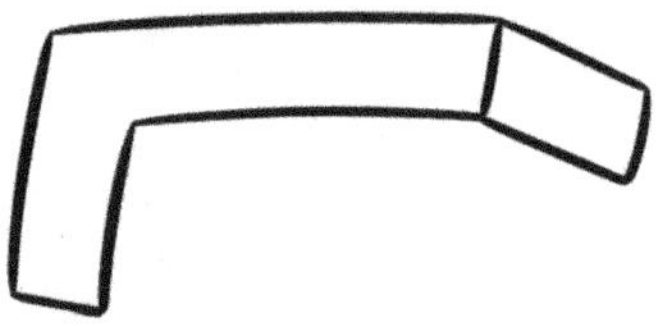

2

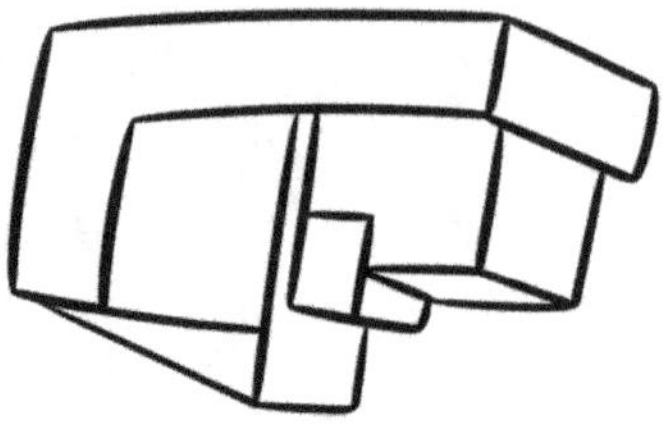

3

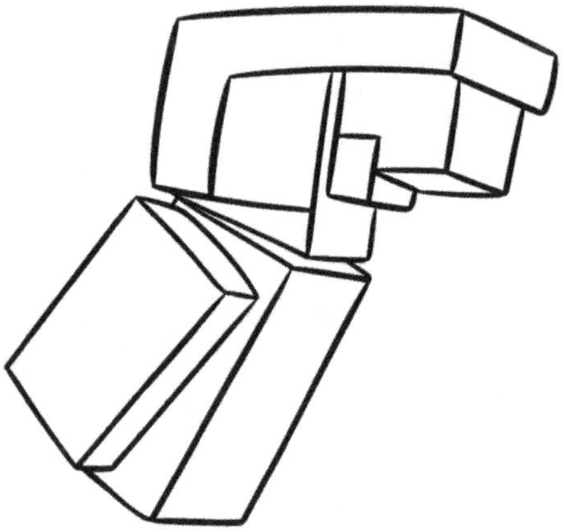

4

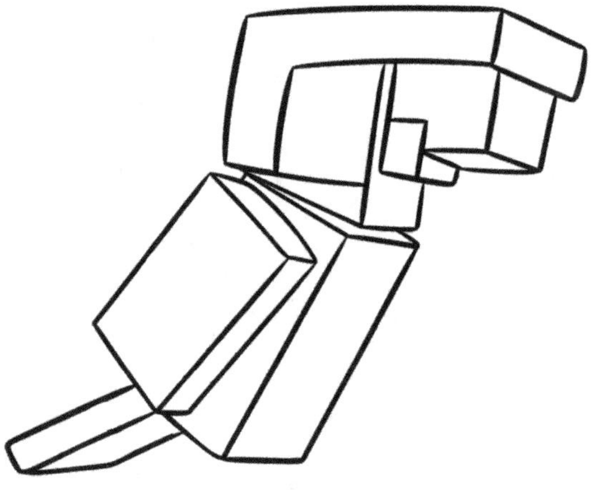

5

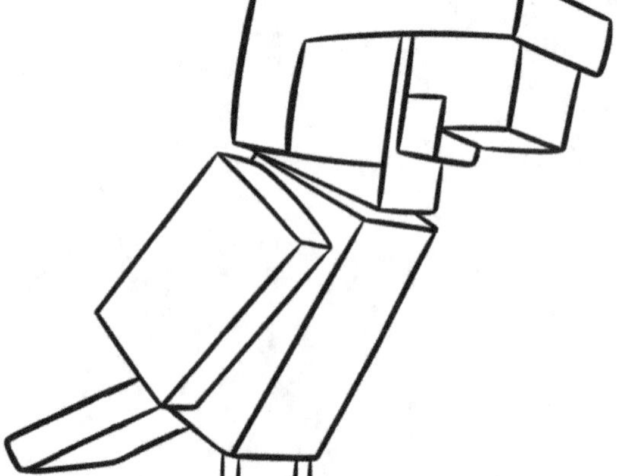

6

Now, it's your turn

Now, it's your turn

Baby Phantom

1

2

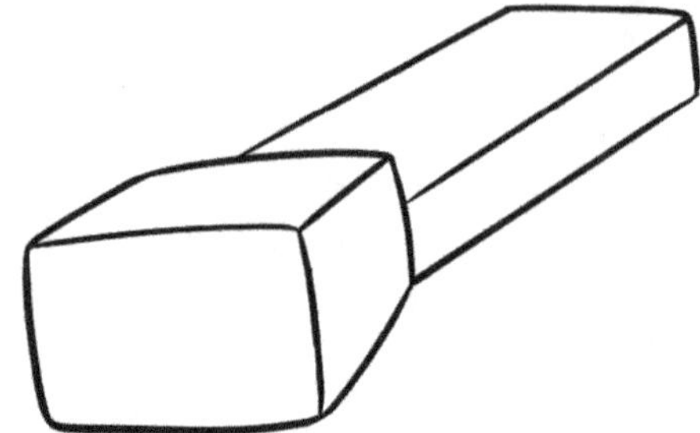

3

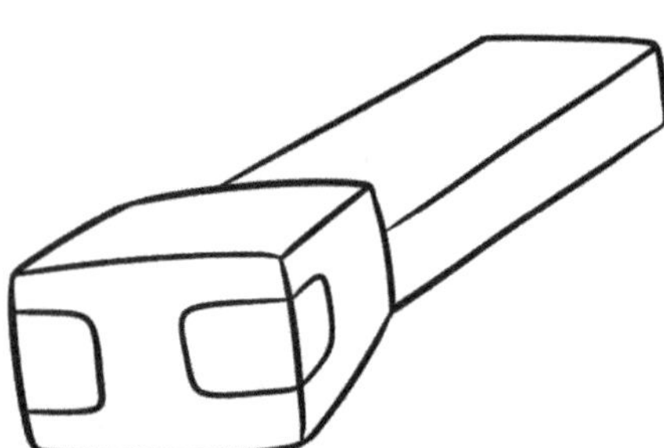

4

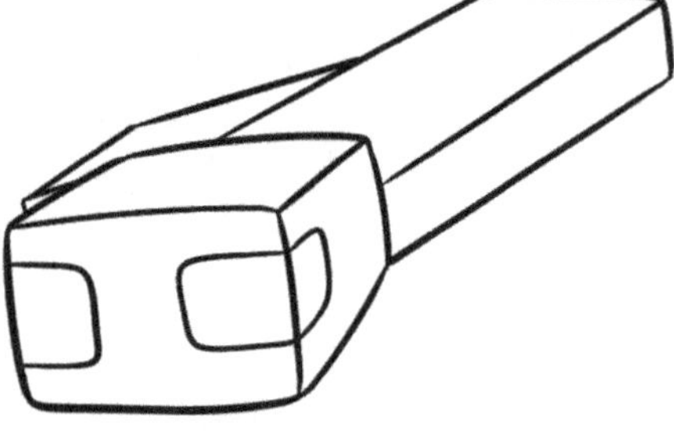

5

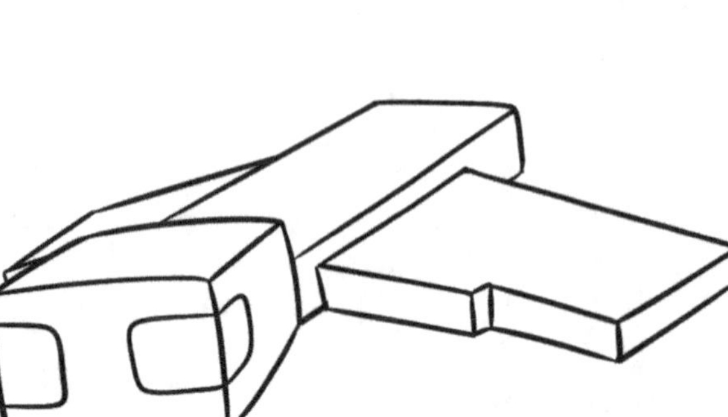

6

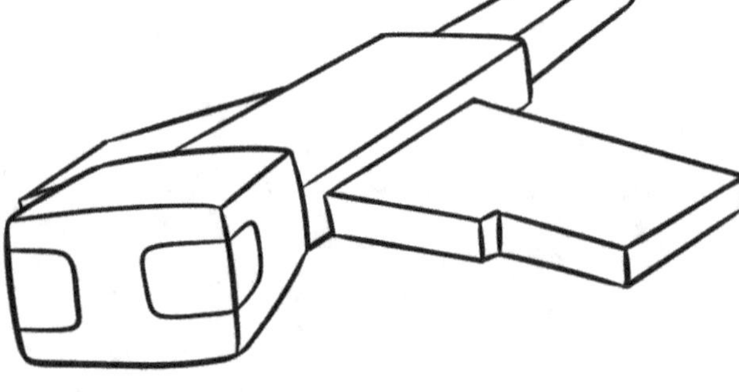

Now, it's your turn

Baby Pig

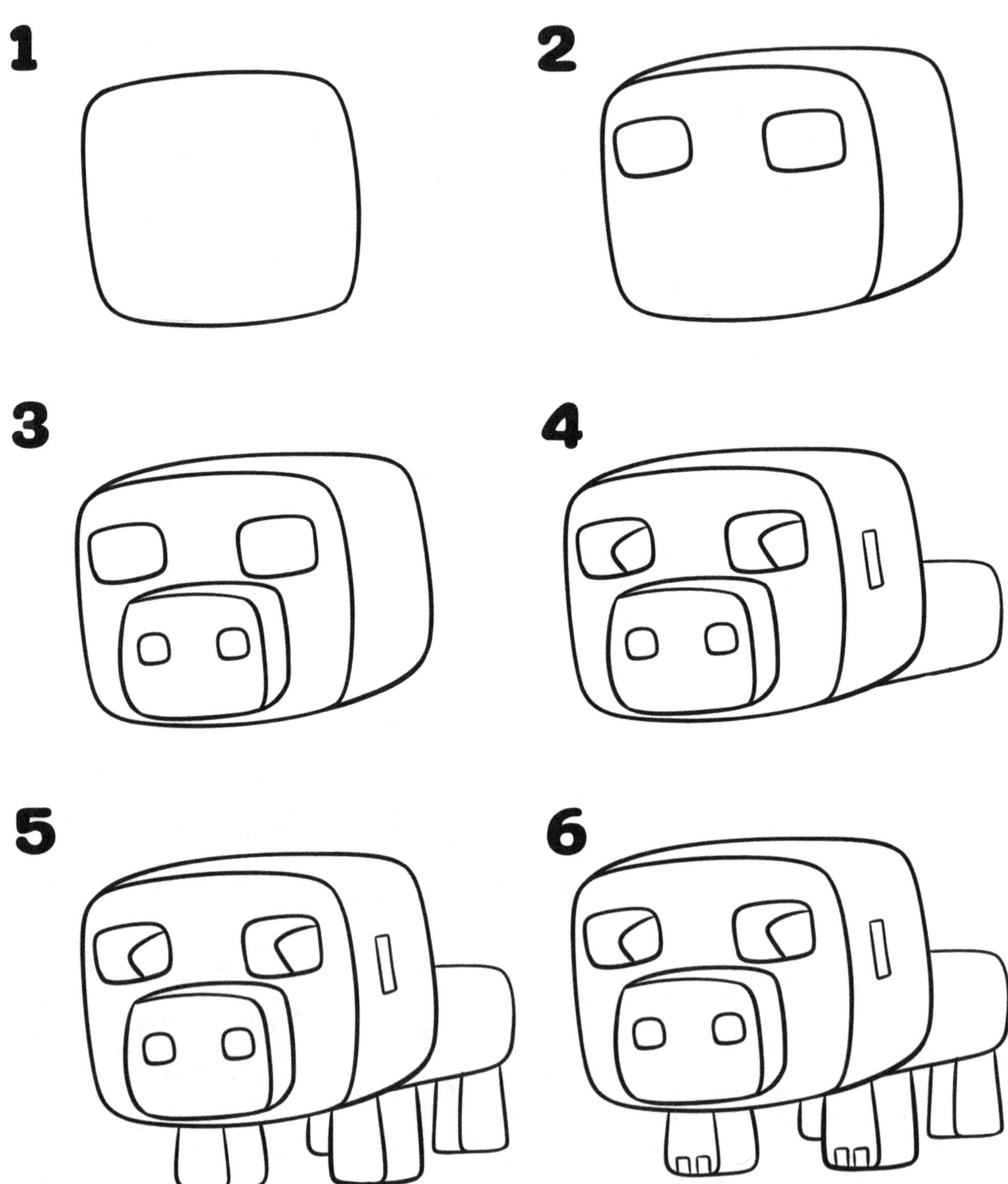

Now, it's your turn

Baby Puffer Fish

Now, it's your turn

Now, it's your turn

Baby Silverfish

1

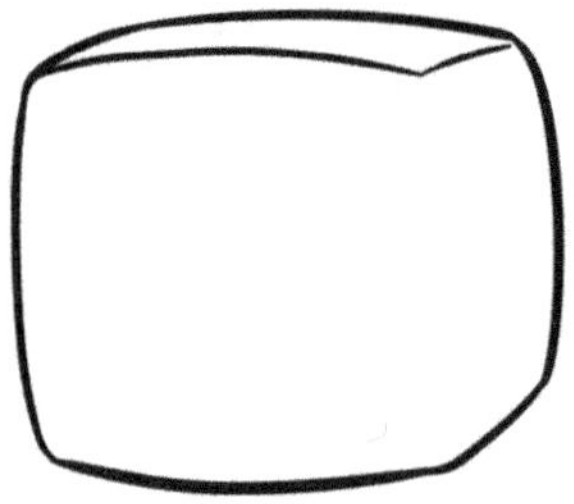

2

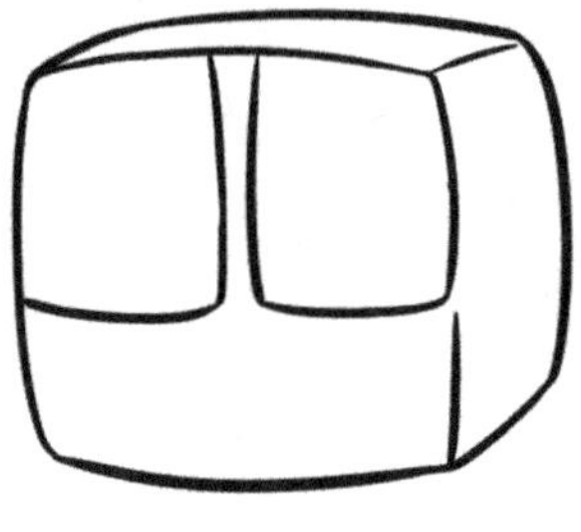

3

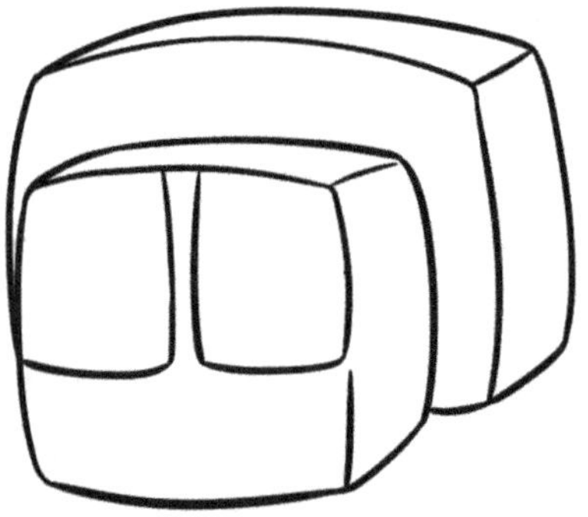

4

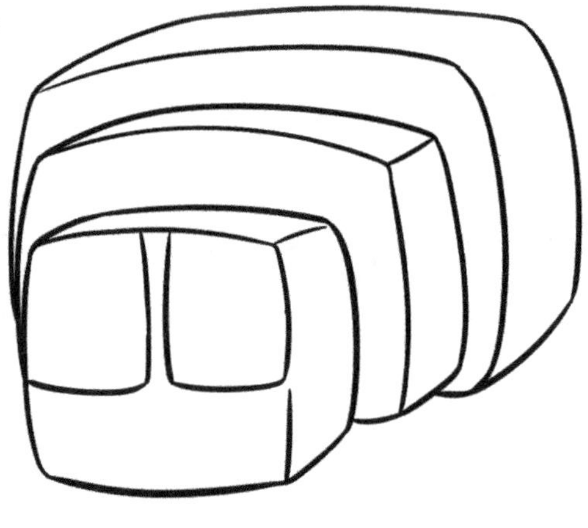

5

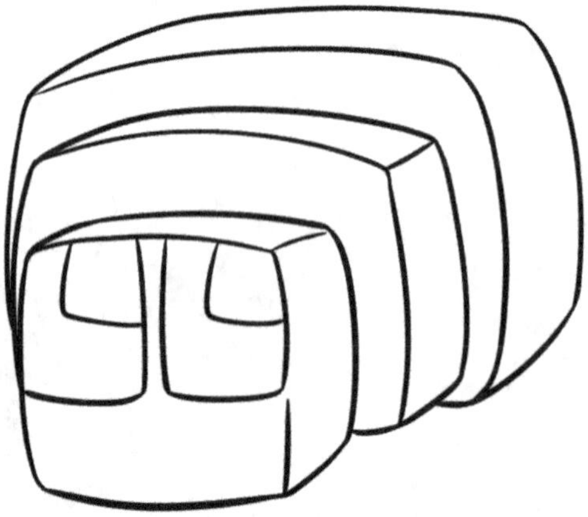

6

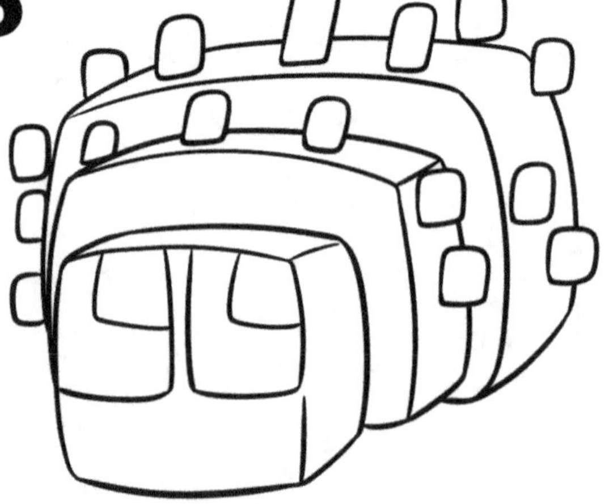

Now, it's your turn

Now, it's your turn

Bee

1

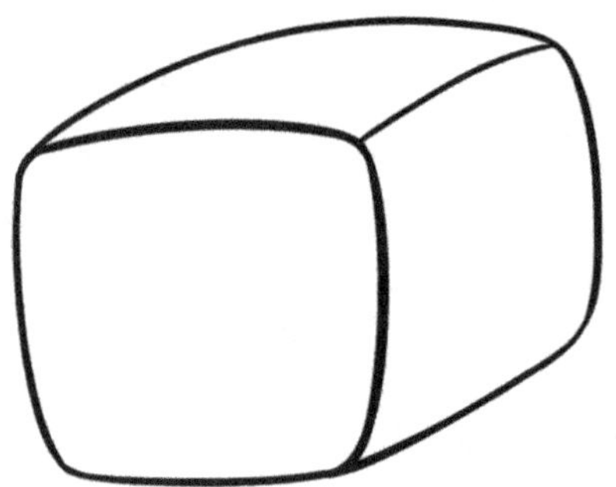

2

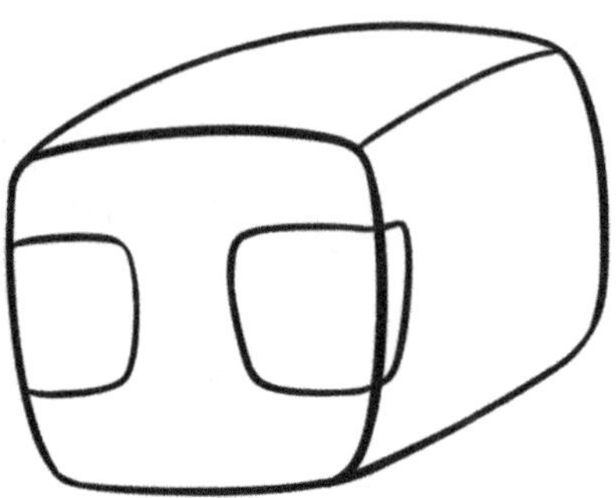

3

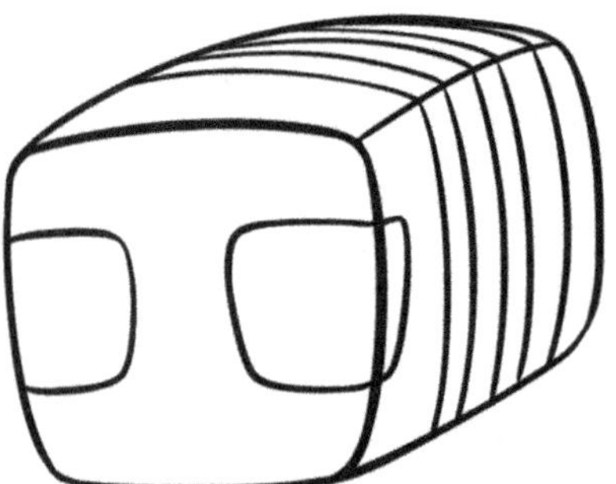

4

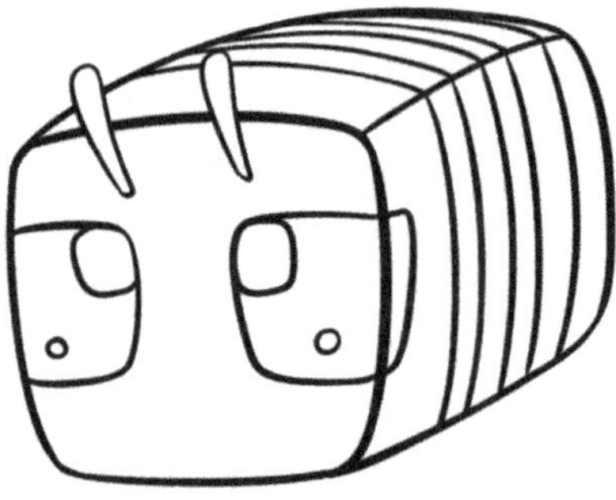

5

6

Now, it's your turn

Camel

1

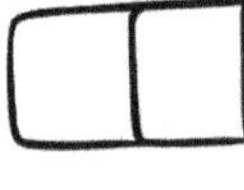

2

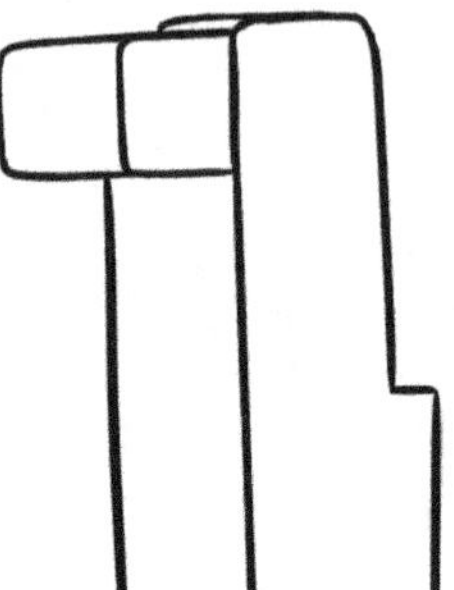

3

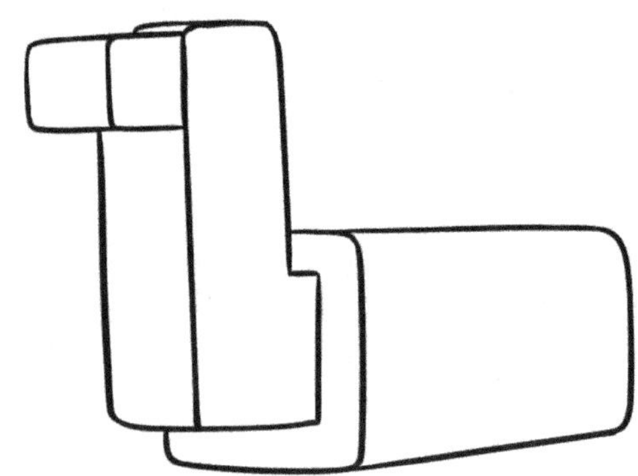

4

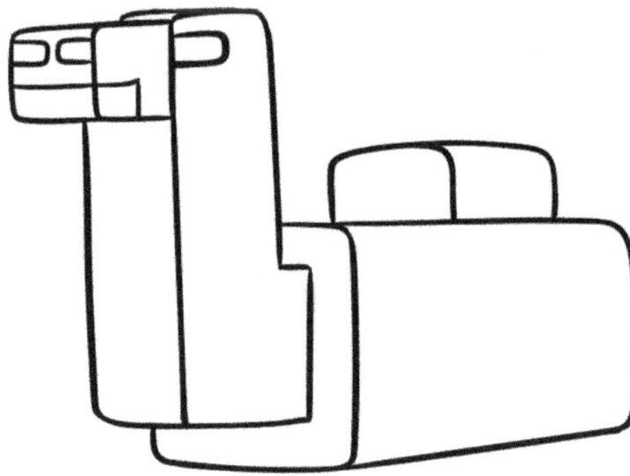

5

6

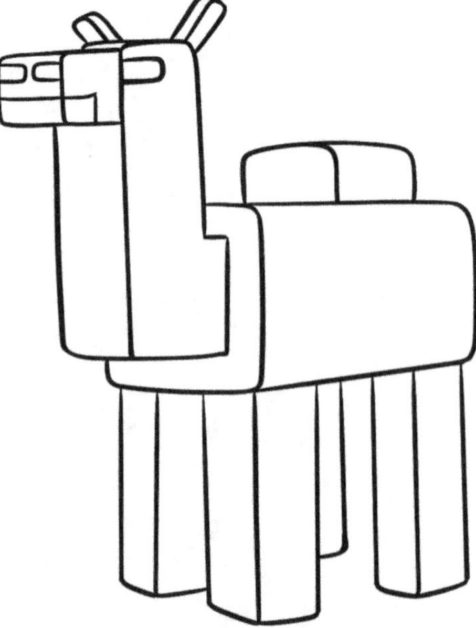

Now, it's your turn

Cat

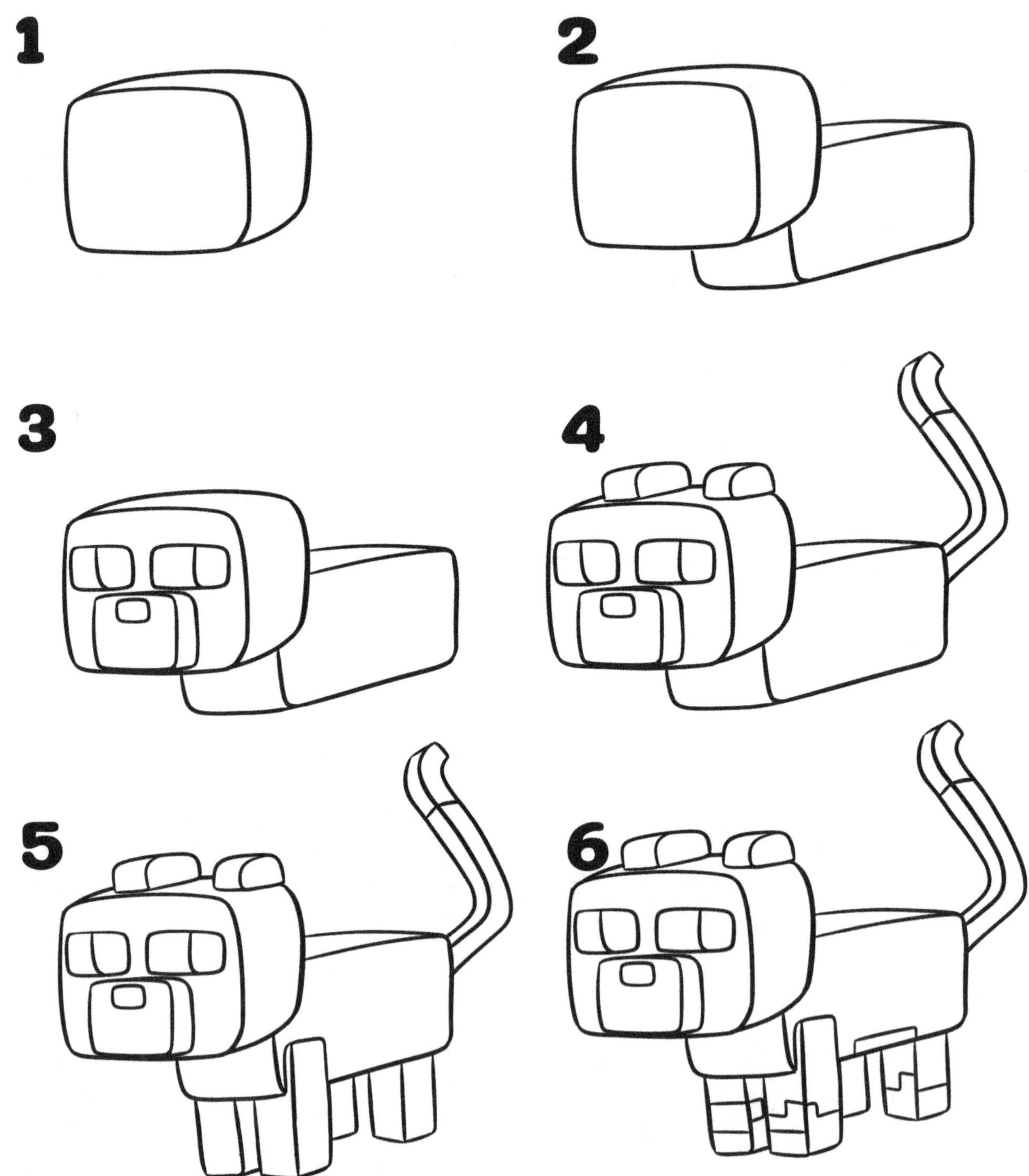

Now, it's your turn

Chicken Jockey

1

2

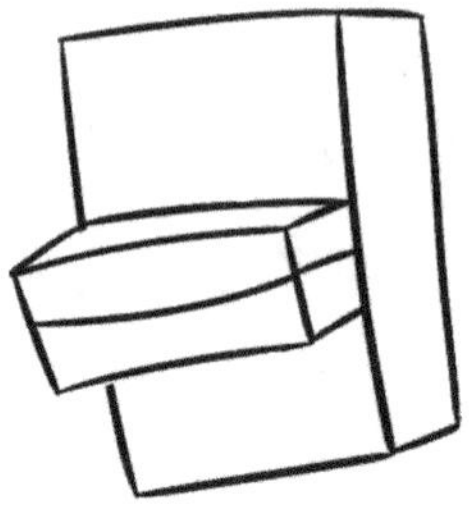

3

4

5

6

Now, it's your turn

Copper Golem

Now, it's your turn

Donkey

1

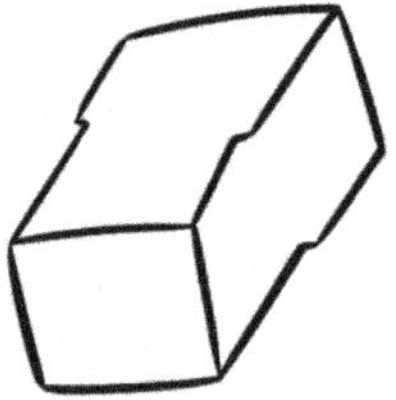

2

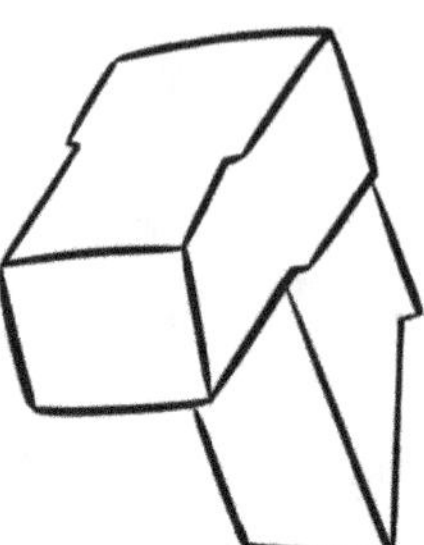

3

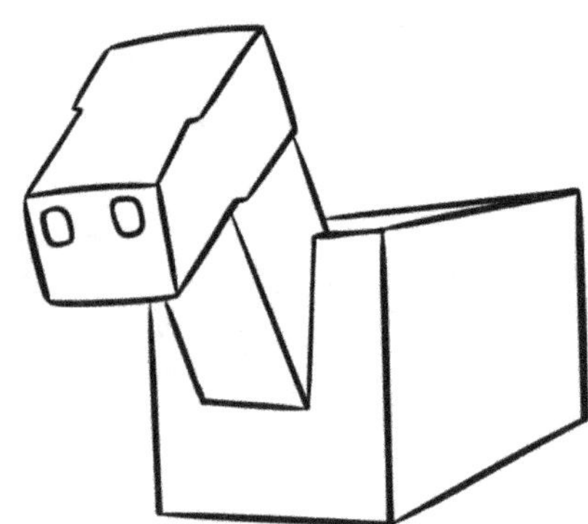

4

5

6

Now, it's your turn

Drowned

1 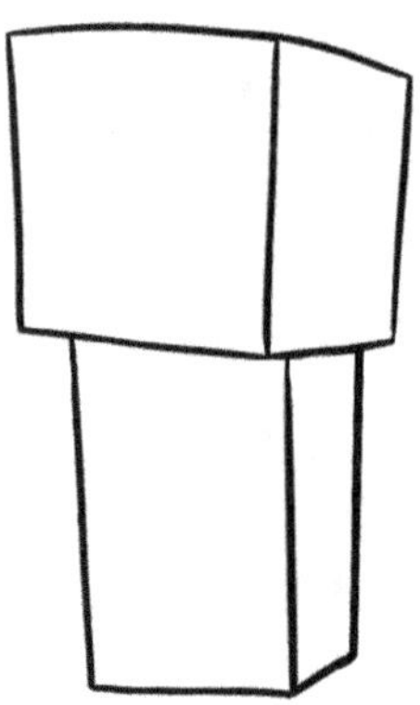

2 

3 

4 

5 

6 

Now, it's your turn

Ender Dragon

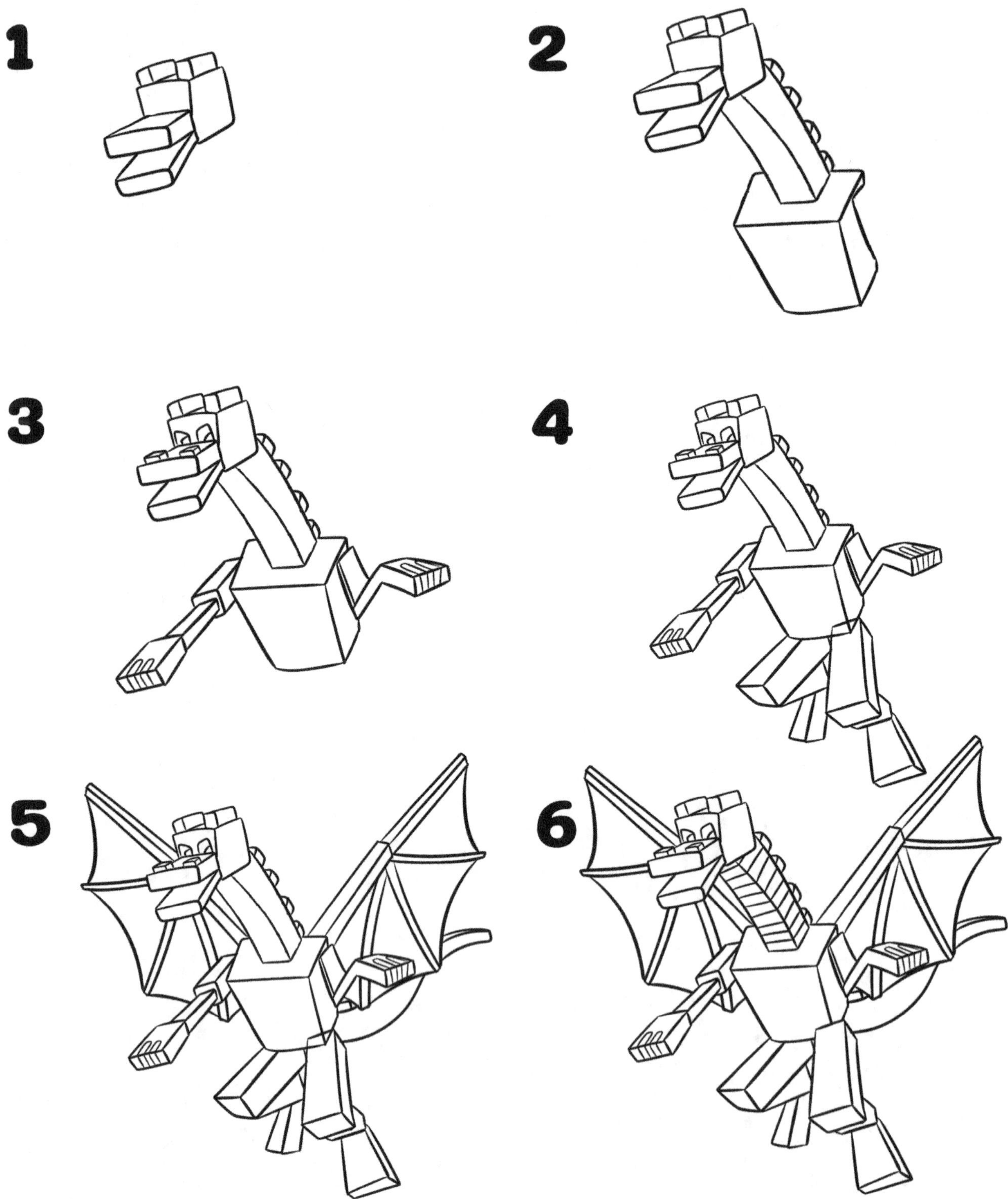

Now, it's your turn

Evoker

1 

2 

3 

4 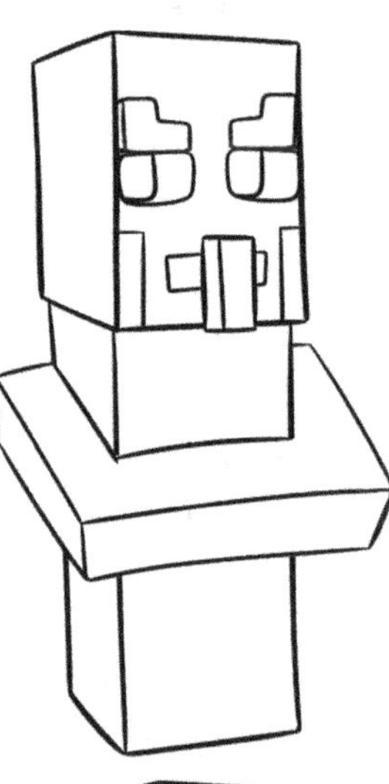

5 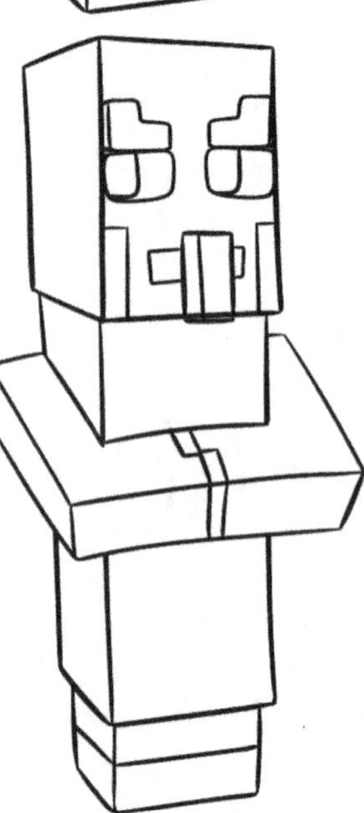

6 

Now, it's your turn

Frog

1

2

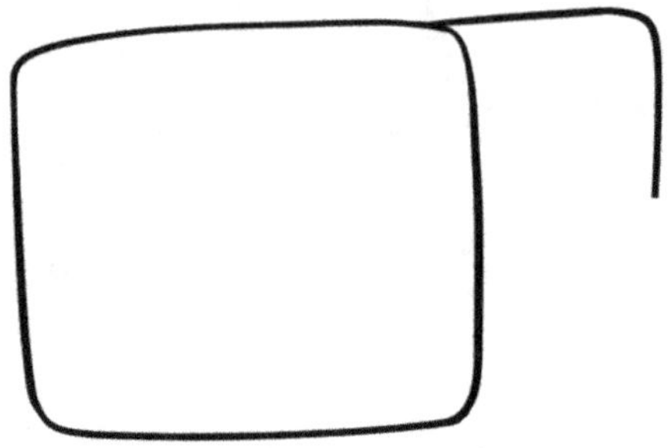

3

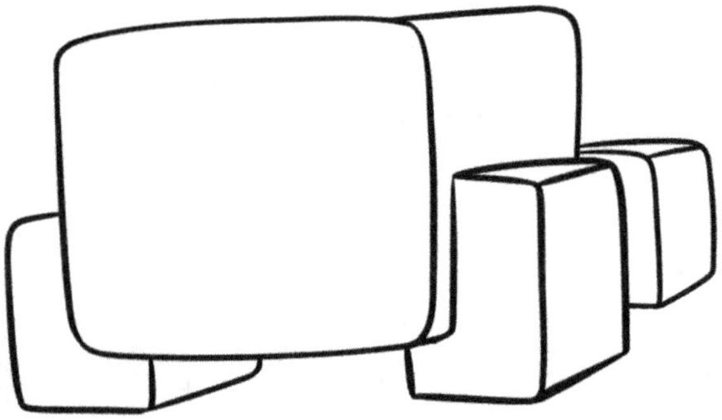

4

5

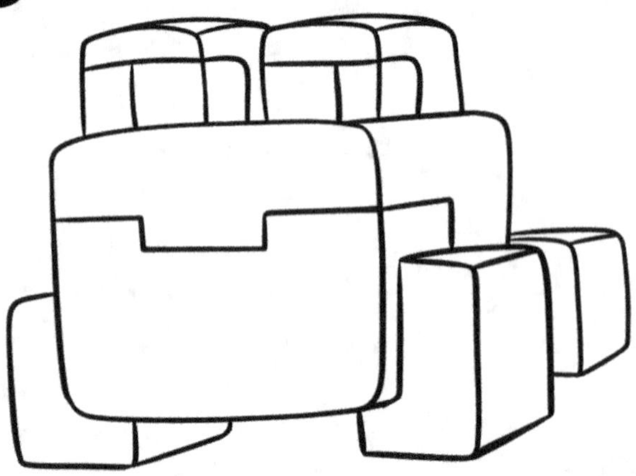

6

Now, it's your turn

Frosted Iceologer

1

2

3

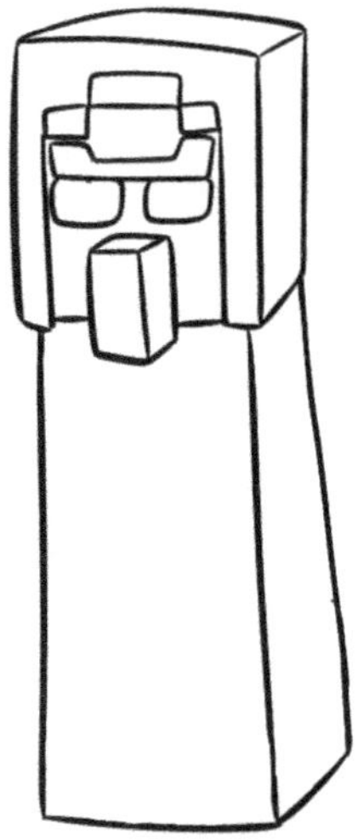

4

5

6

Now, it's your turn

Now, it's your turn

Glare

1

2

3

4

5

6

Now, it's your turn

Grindstone Golem

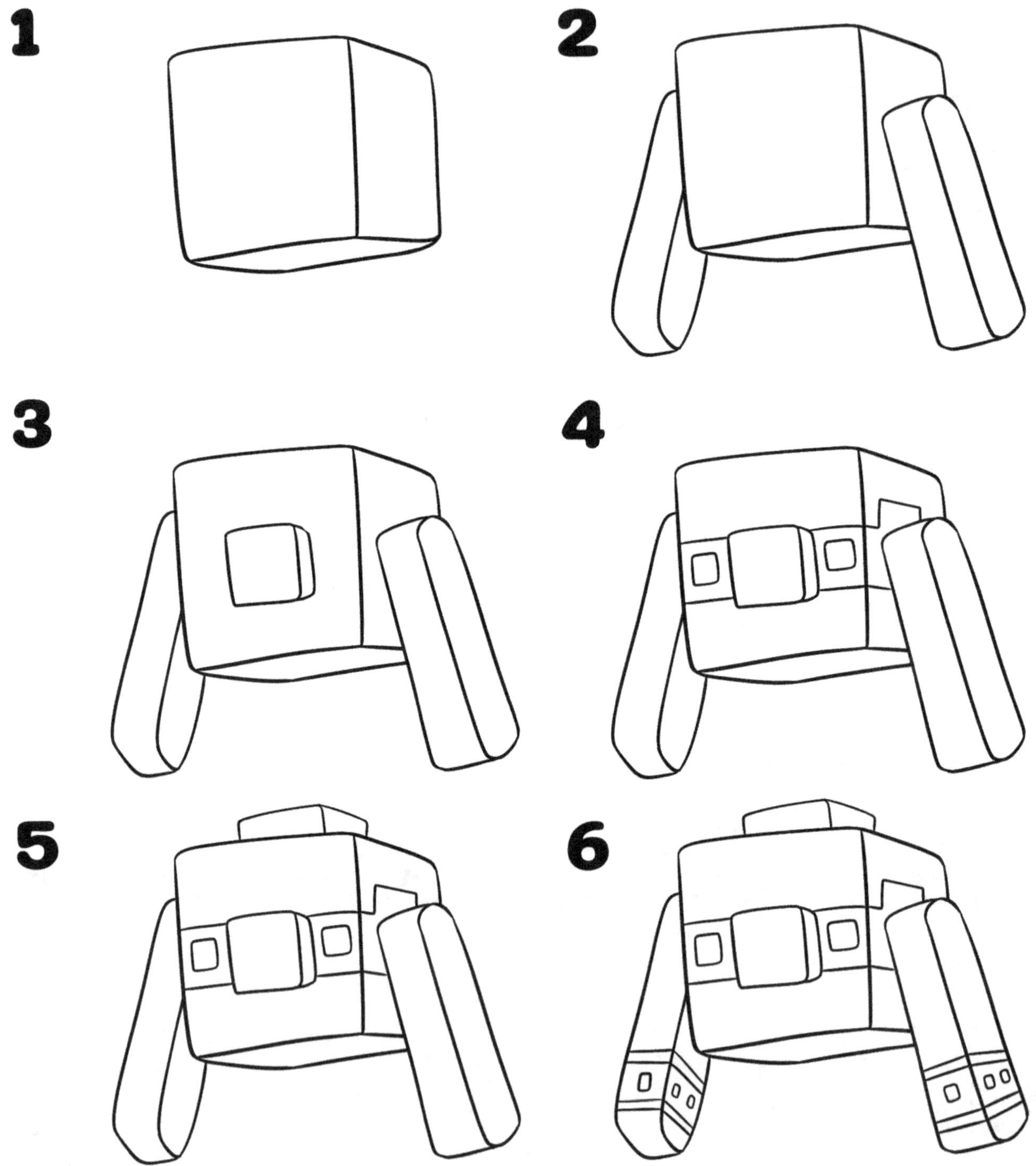

Now, it's your turn

Horse

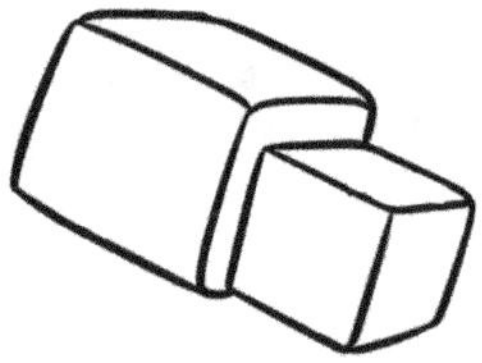

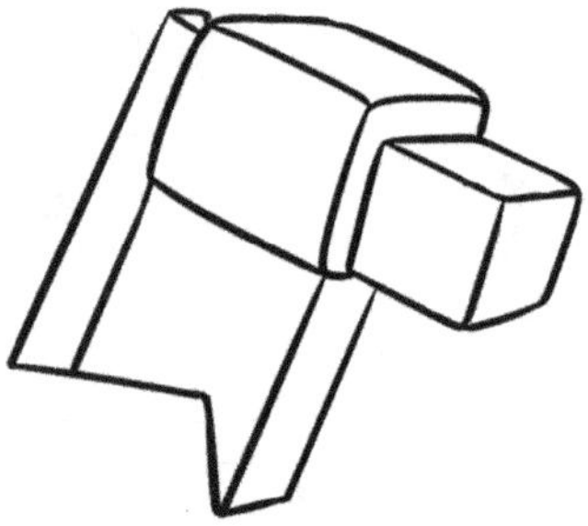

Now, it's your turn

Illusioner

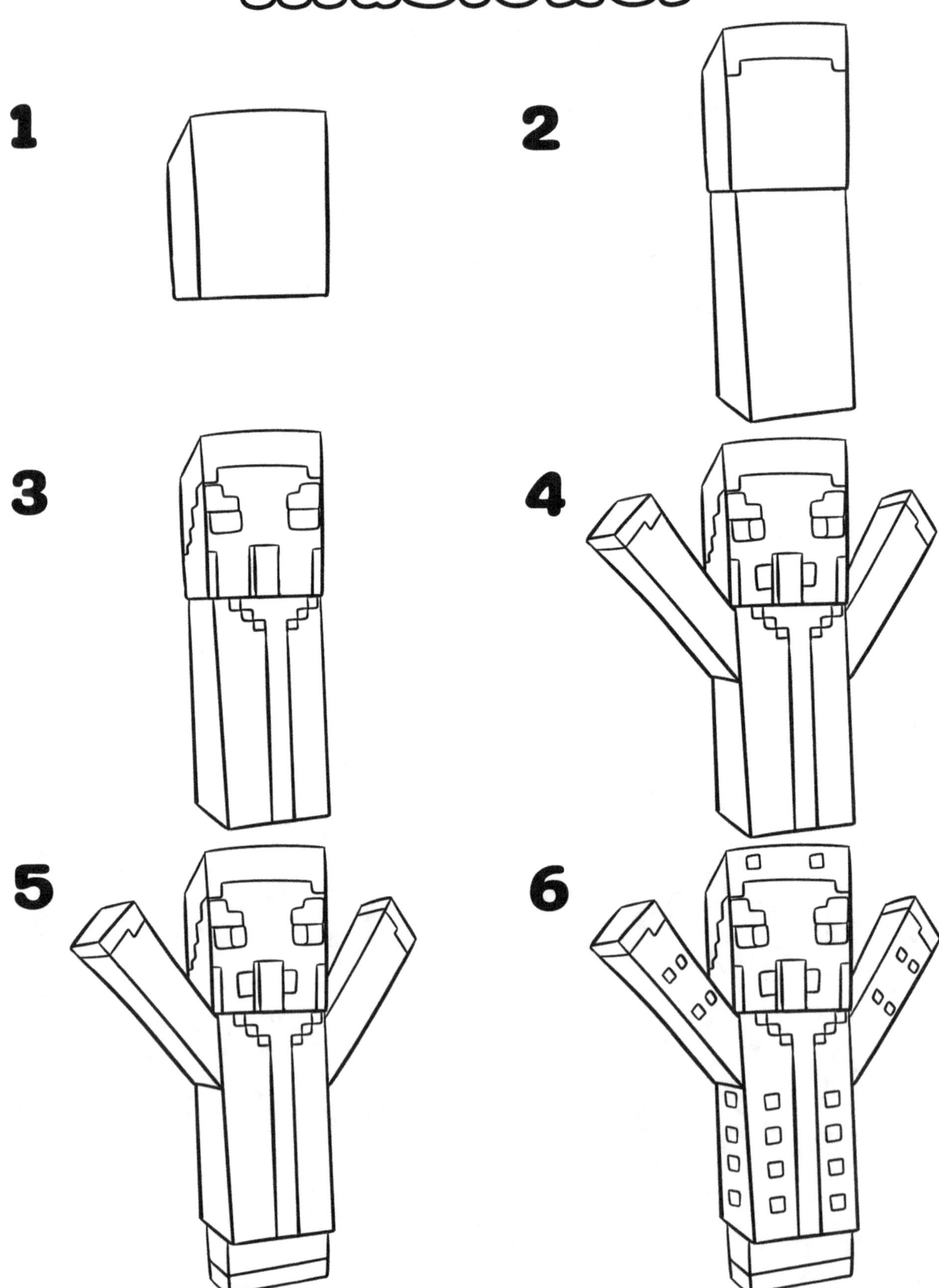

Now, it's your turn

Now, it's your turn

Iron Golem

1

2

3

4

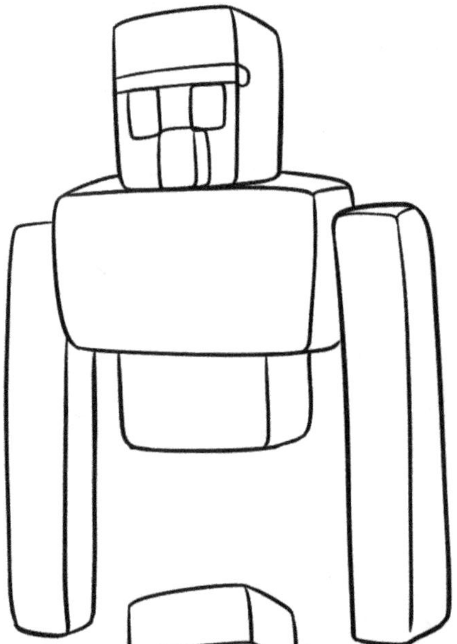

5

6

Now, it's your turn

Lava Cat

1

2

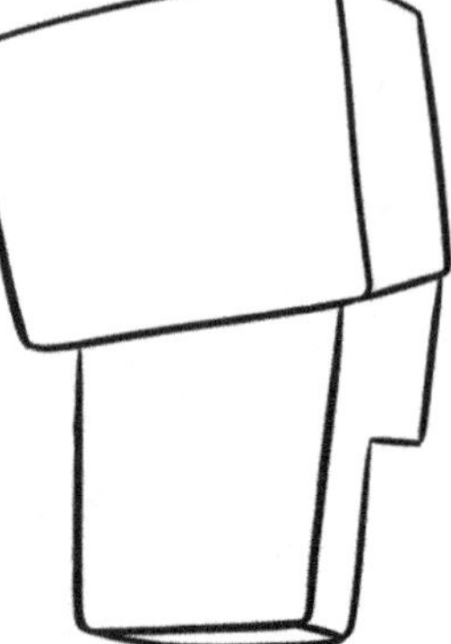

3

4

5

6

Now, it's your turn

Mule

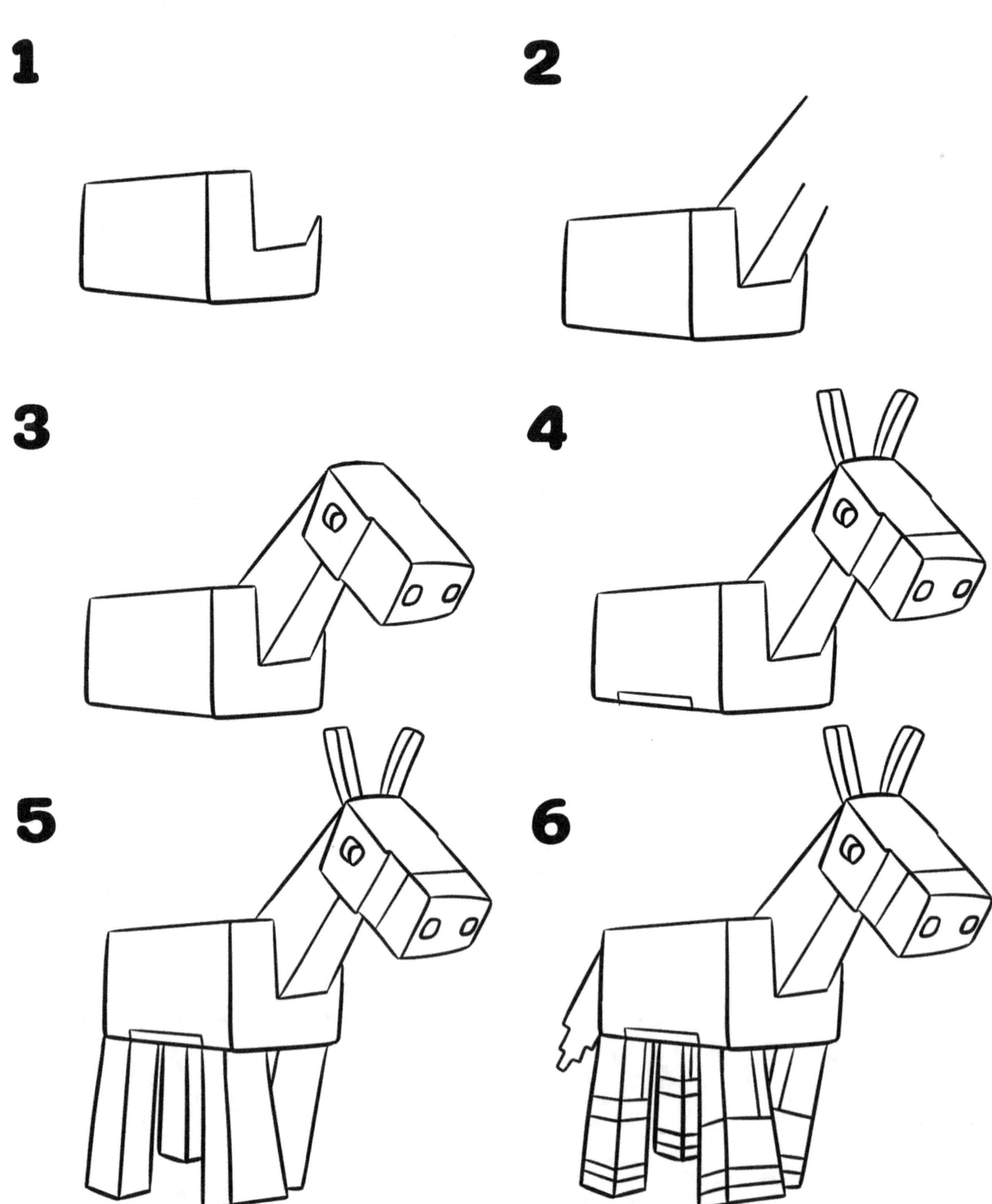

Now, it's your turn

Ocelot

1

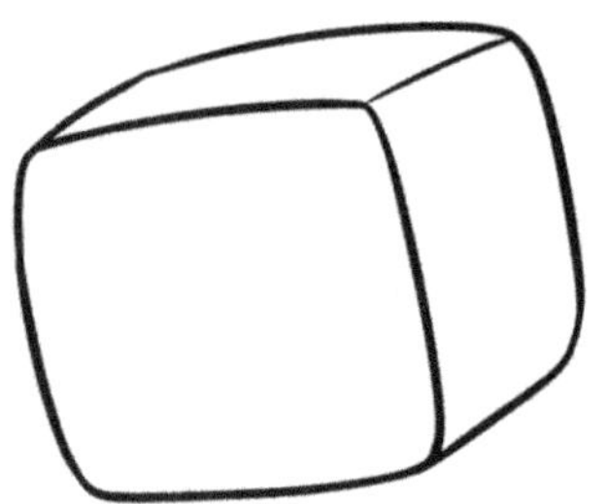

2

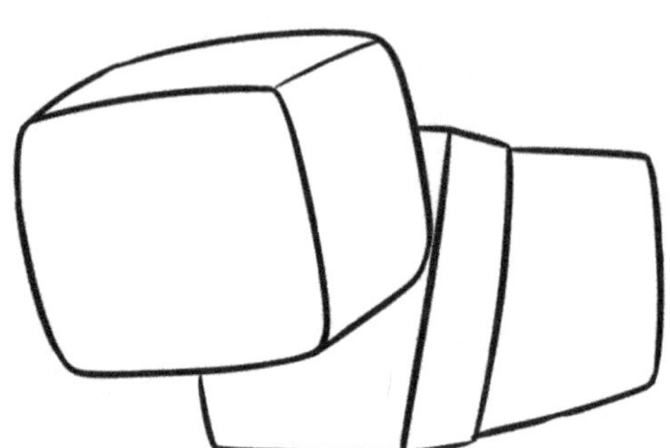

3

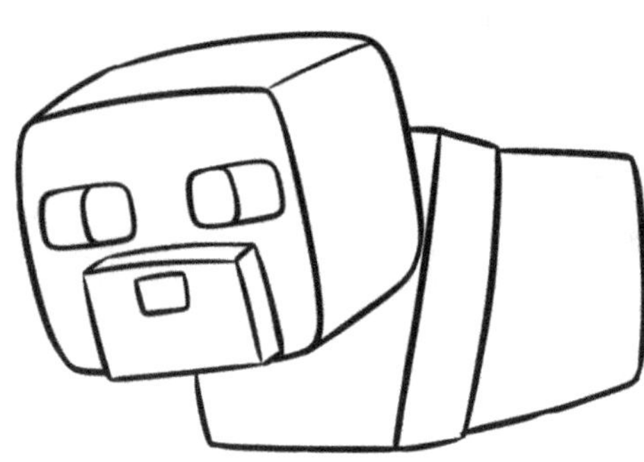

4

5

6

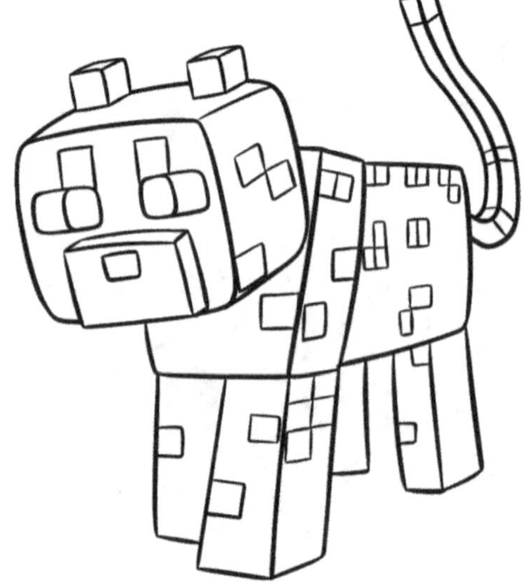

Now, it's your turn

Now, it's your turn

Piglin Brute

Now, it's your turn

Pillager

1

2

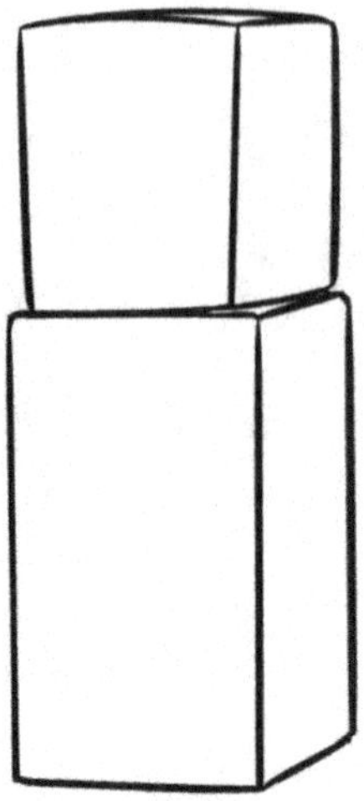

3

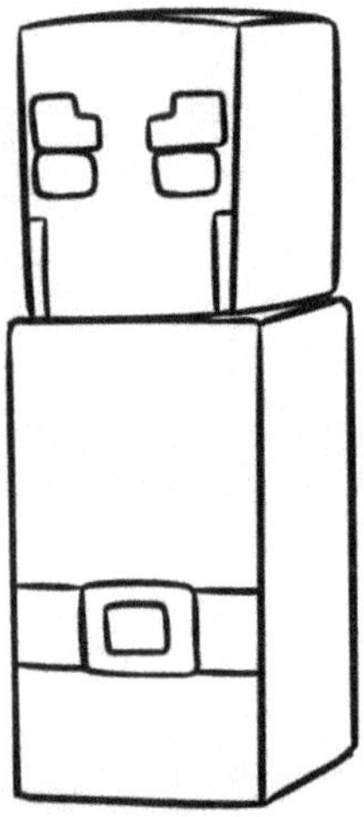

4

5

6

Now, it's your turn

Polar bear

1

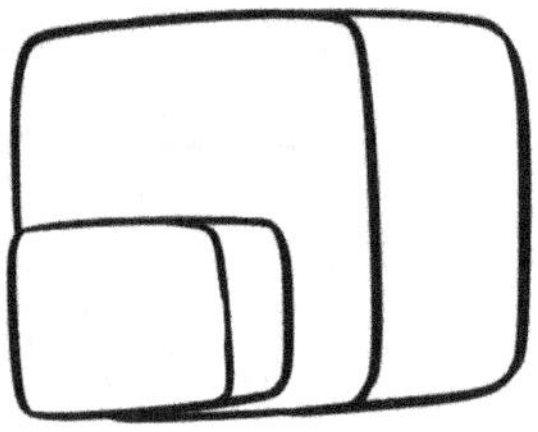

2

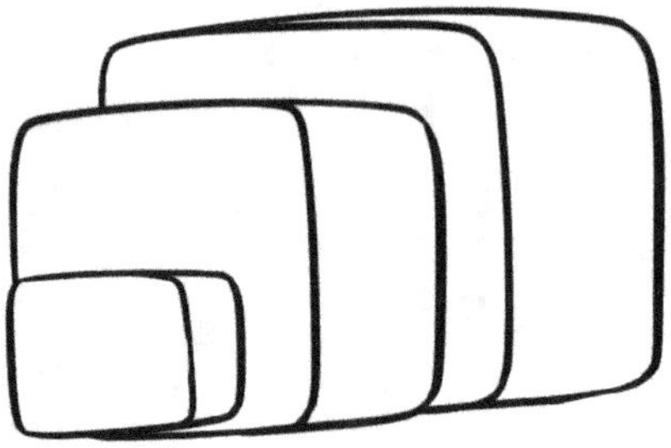

3

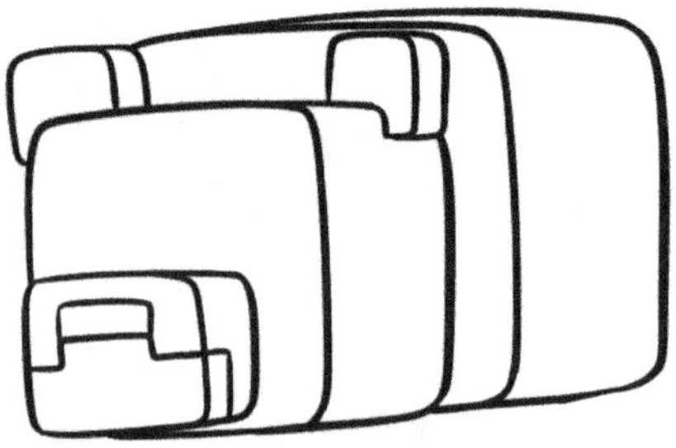

4

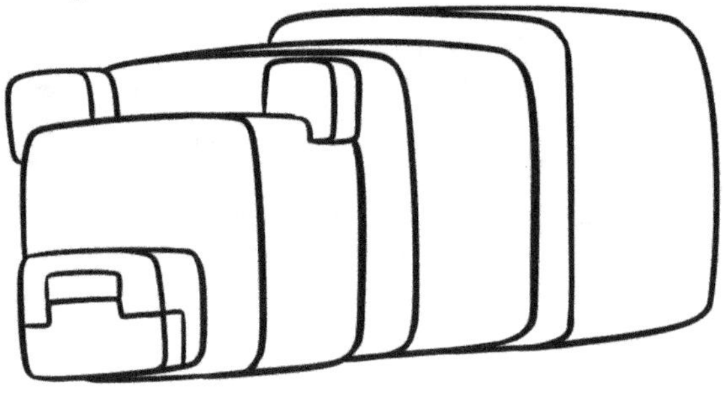

5

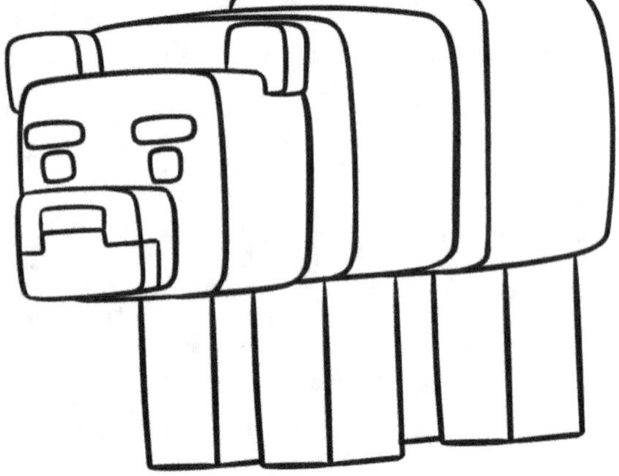

6

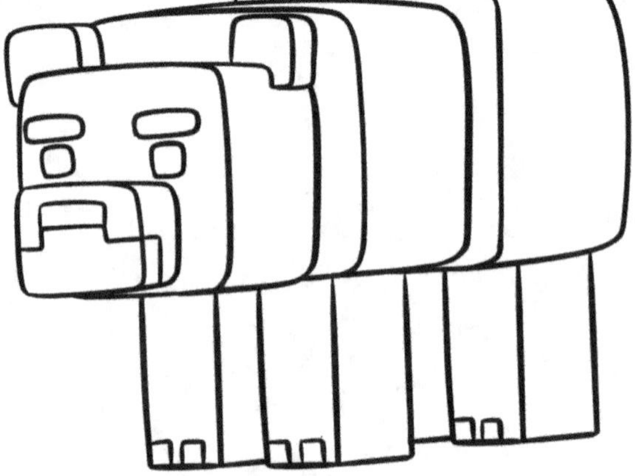

Now, it's your turn

Rabbit

1

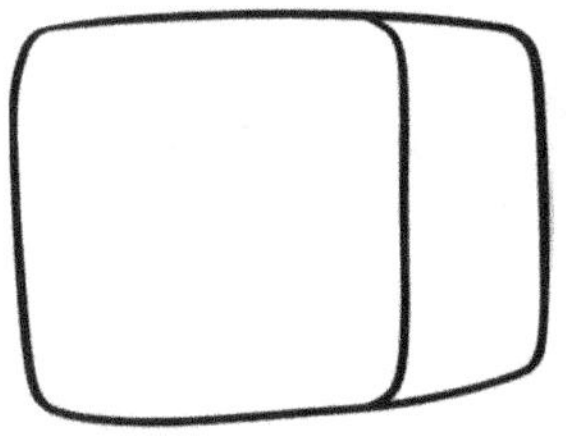

2

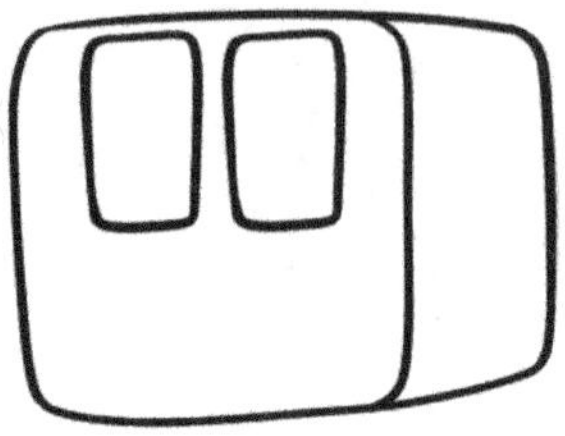

3

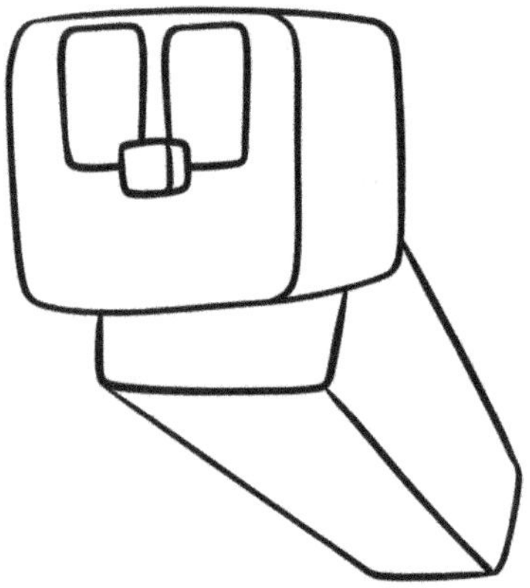

4

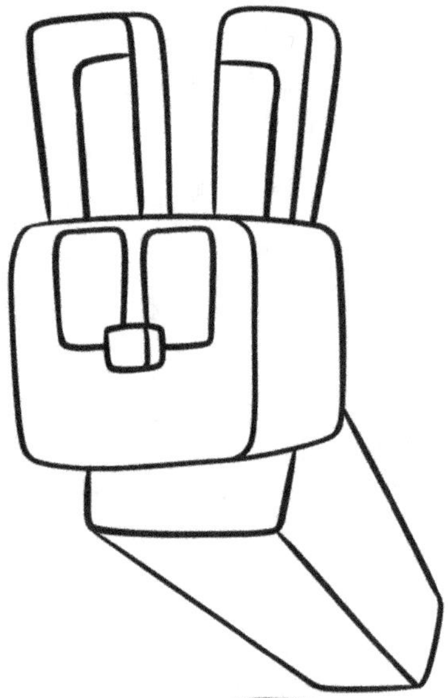

5

6

Now, it's your turn

Ravager

1

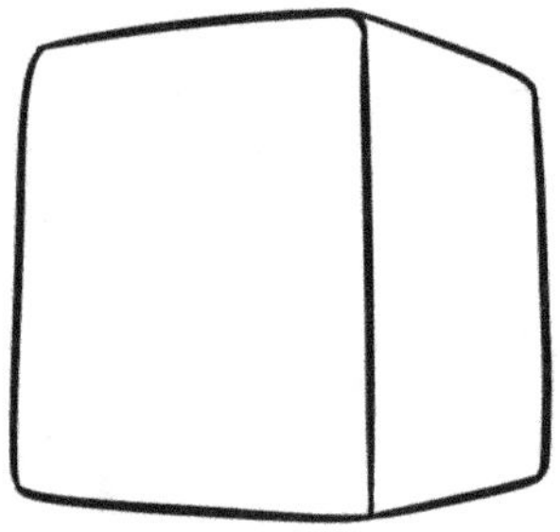

2

3

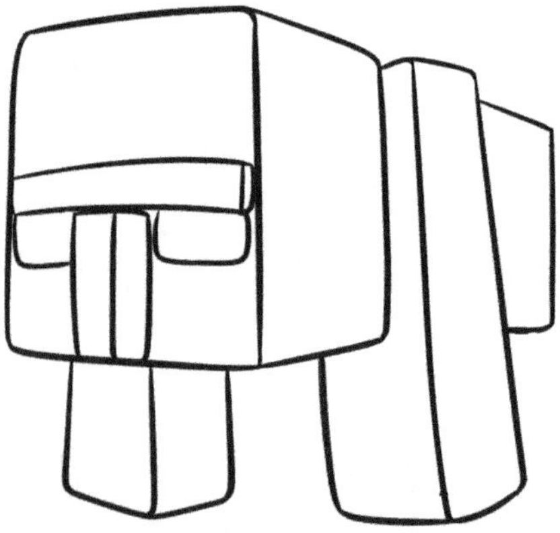

4

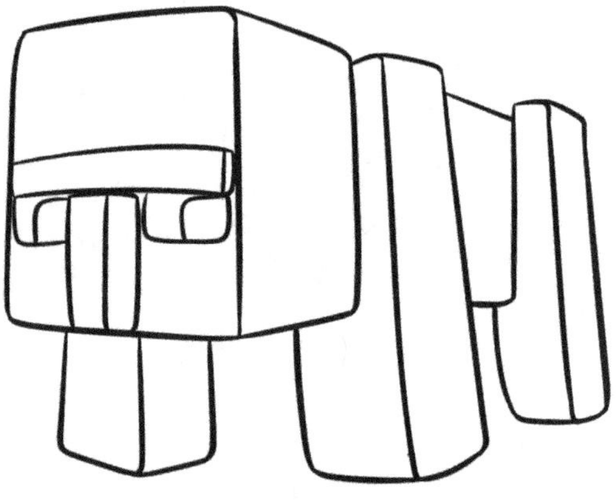

5

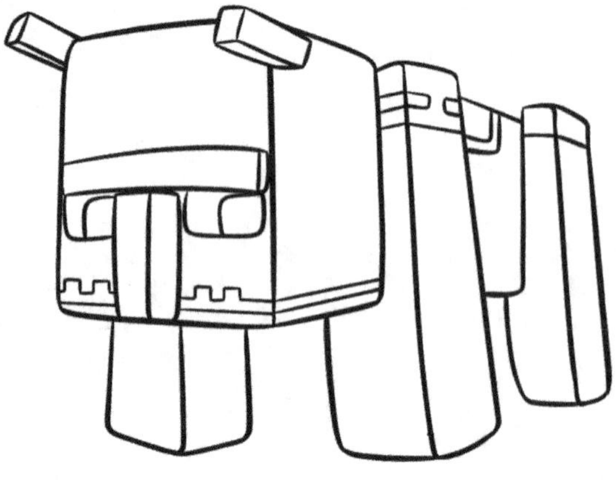

6

Now, it's your turn

Salmon

1

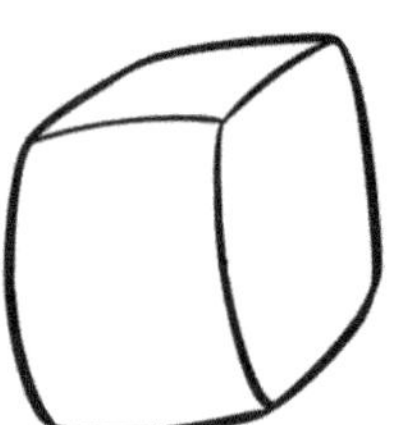

2

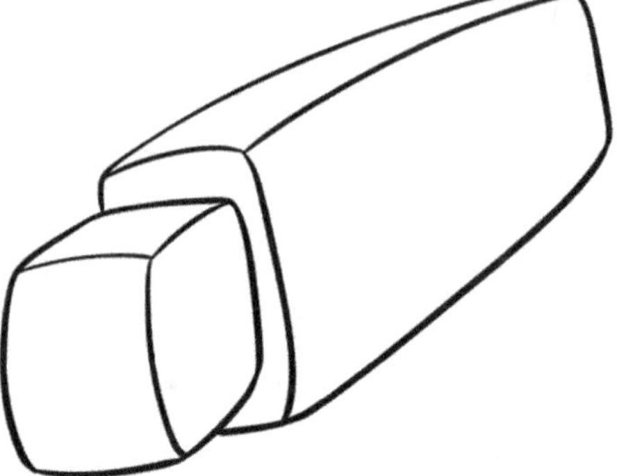

3

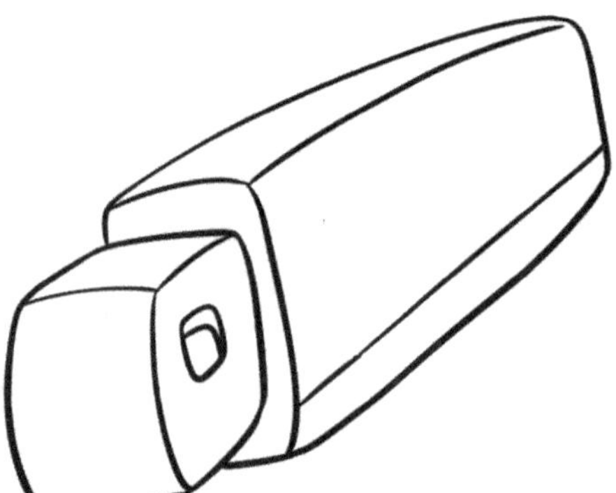

4

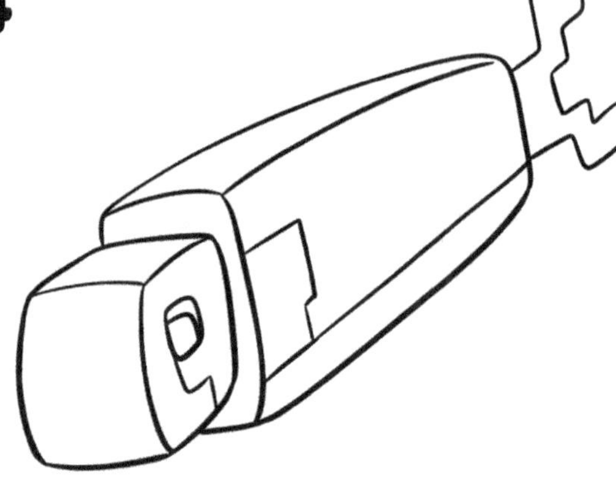

5

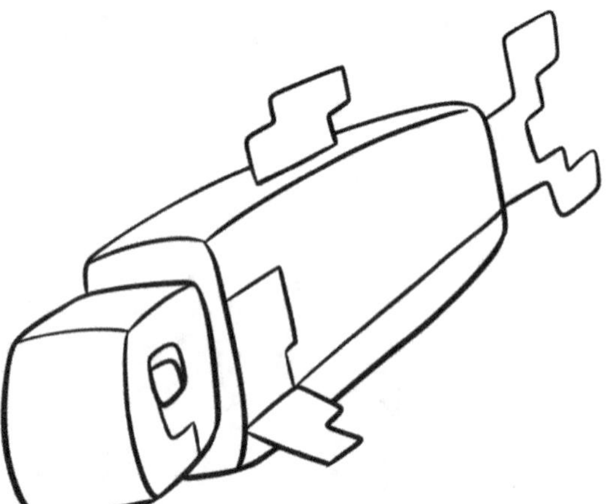

6

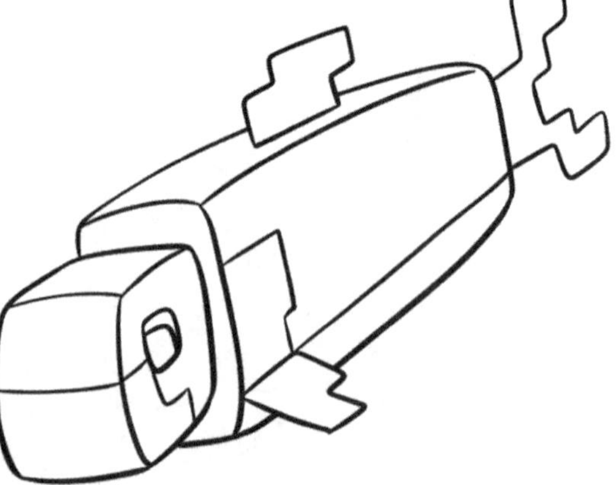

Now, it's your turn

Sea Turtle

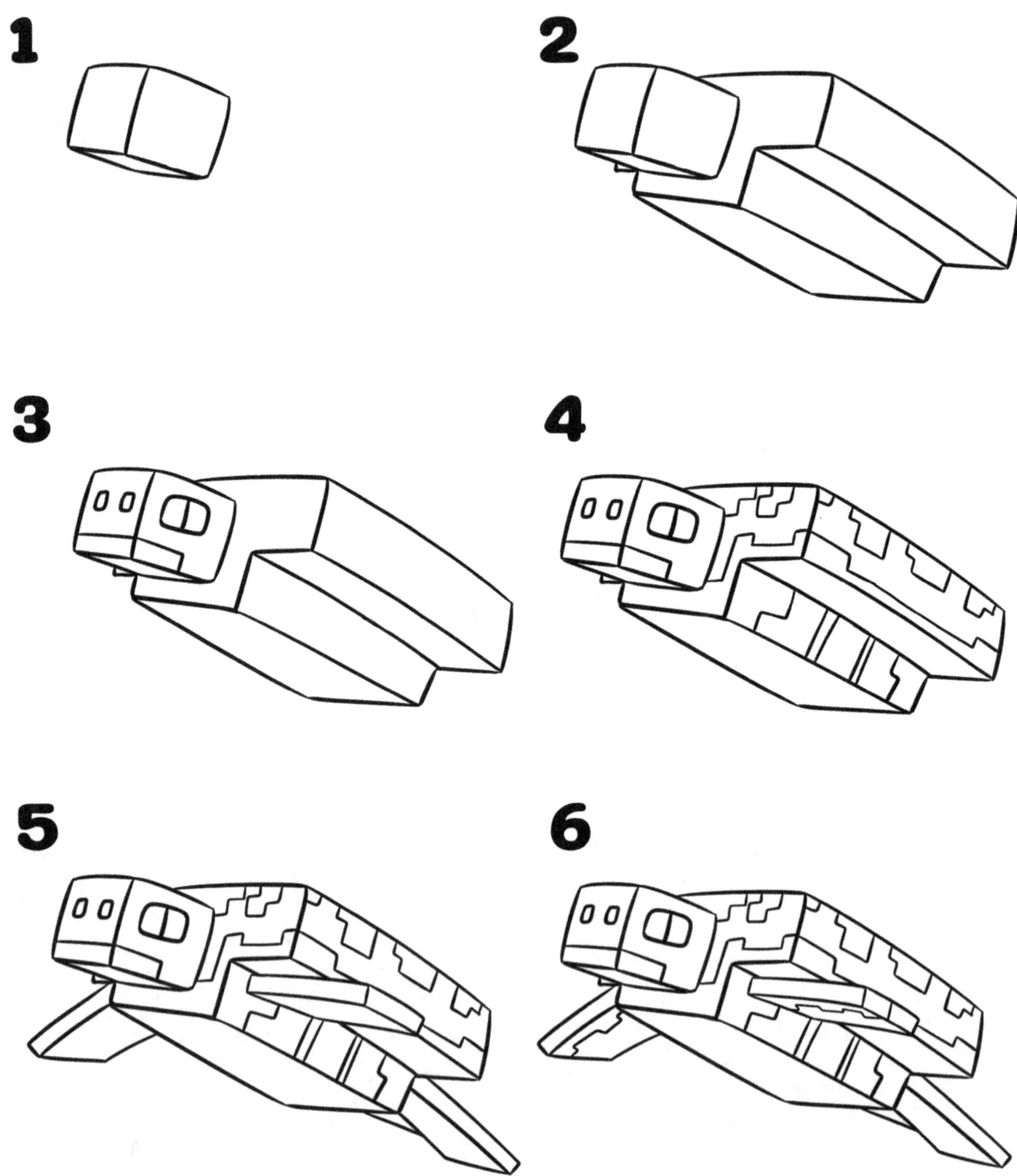

Now, it's your turn

Sniffer

1

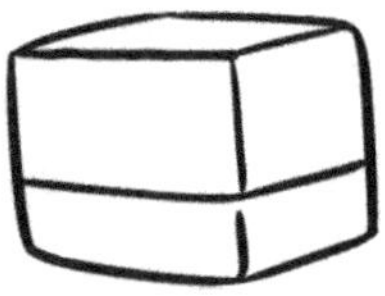

2

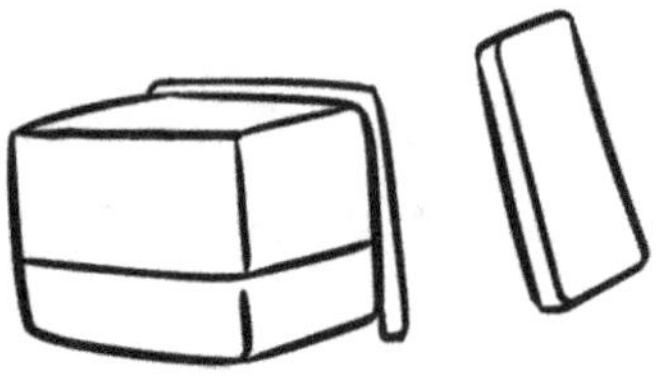

3

4

5

6

Now, it's your turn

Stone Golem

1

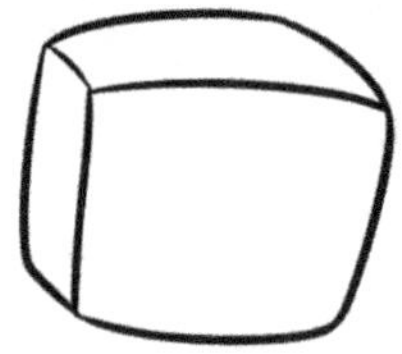

2

3

4

5

6

Now, it's your turn

Tadpole

1

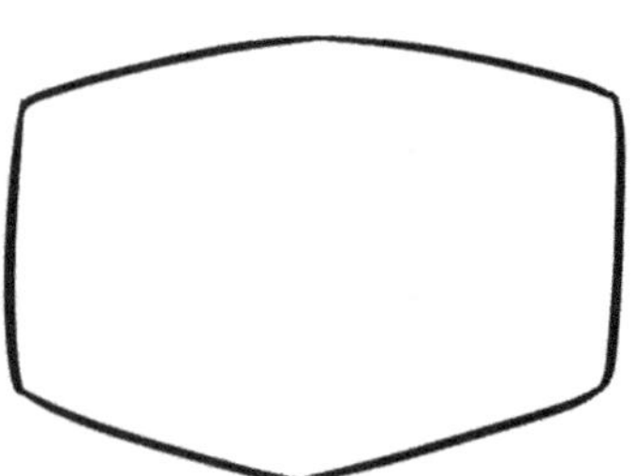

2

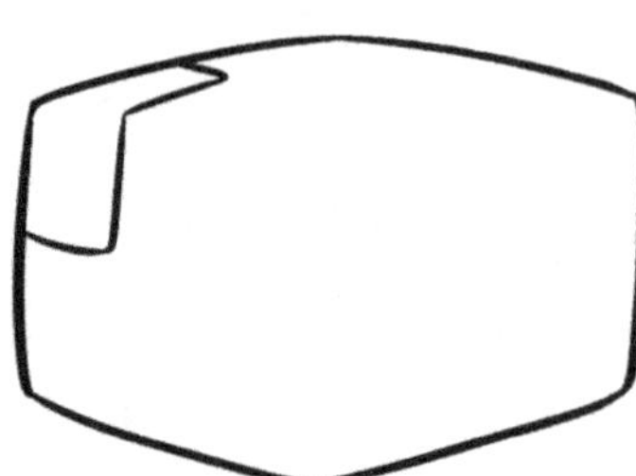

3

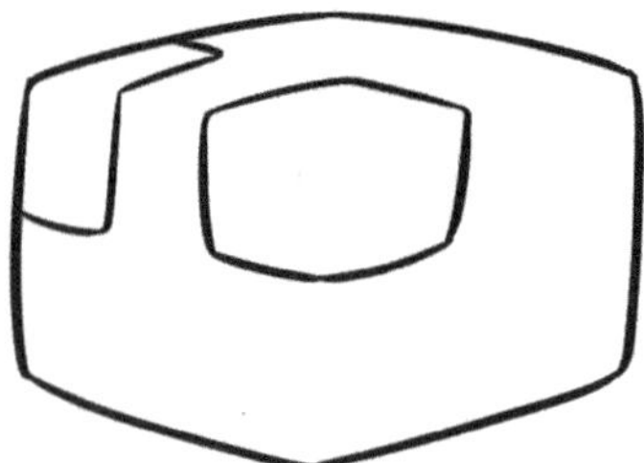

4

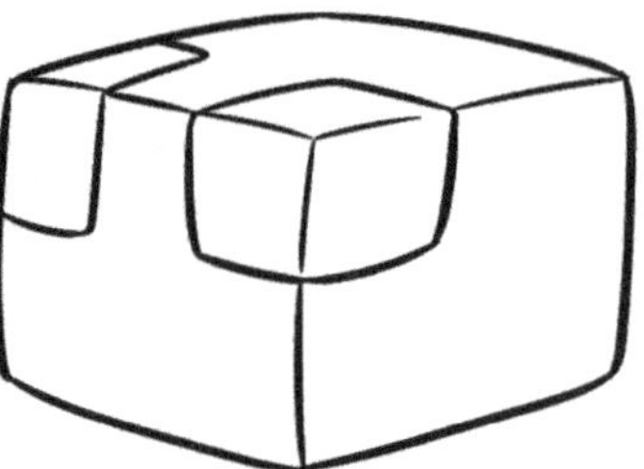

5

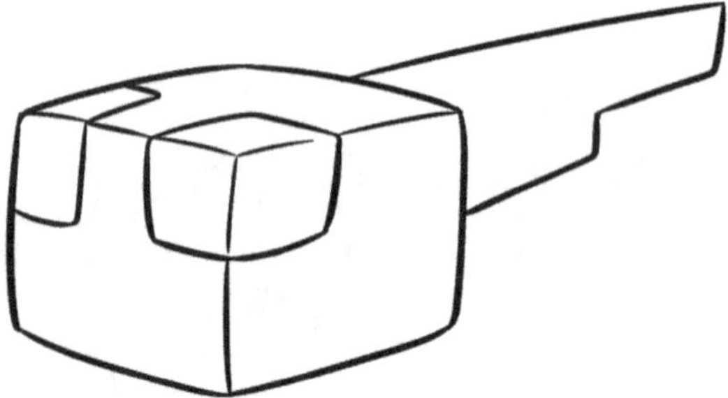

6

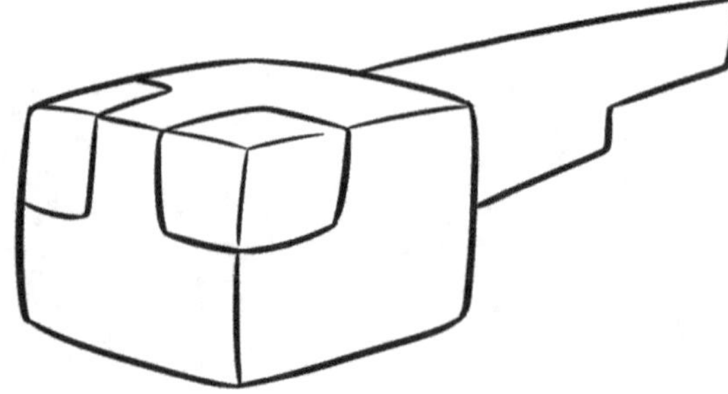

Now, it's your turn

Now, it's your turn

Trader Llama

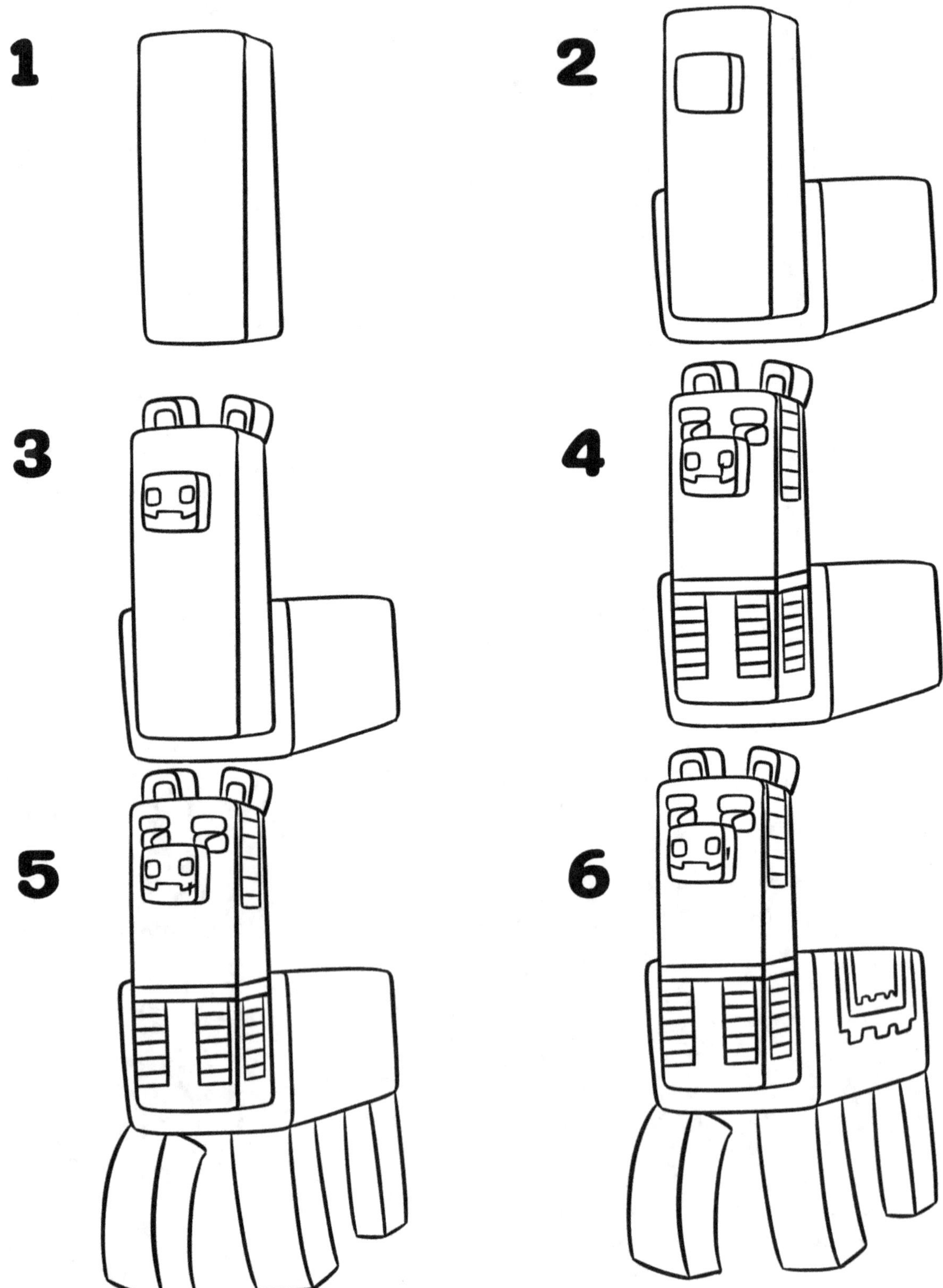

Now, it's your turn

Wandering Trader

1

2

3

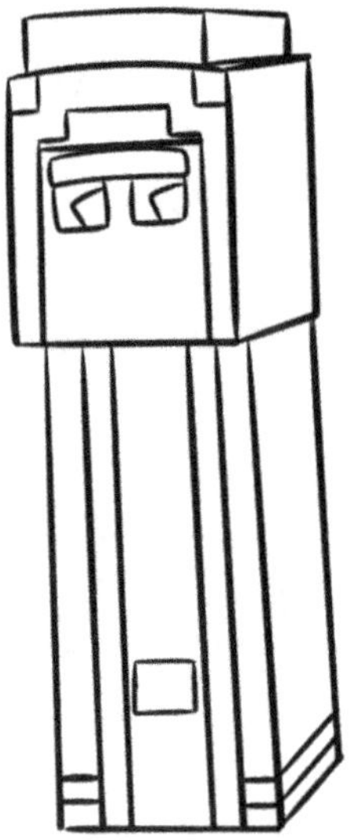

4

5

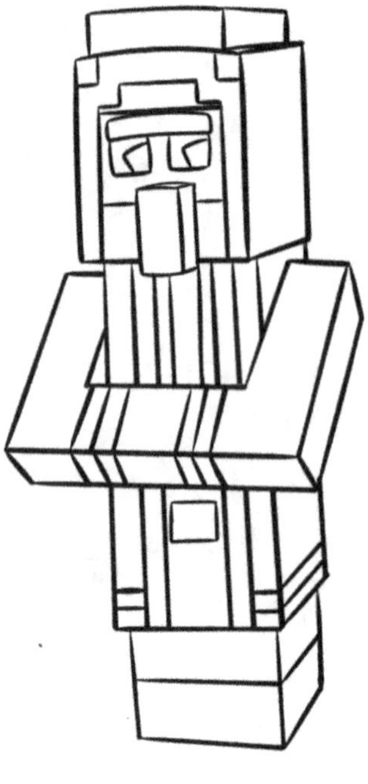

6

Now, it's your turn

Warden

1

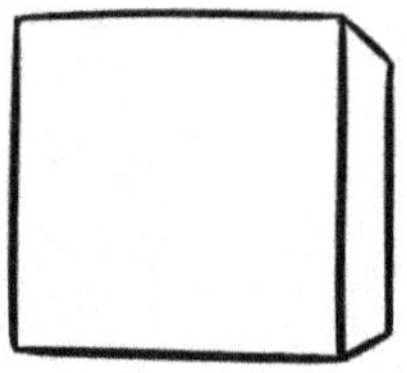

2

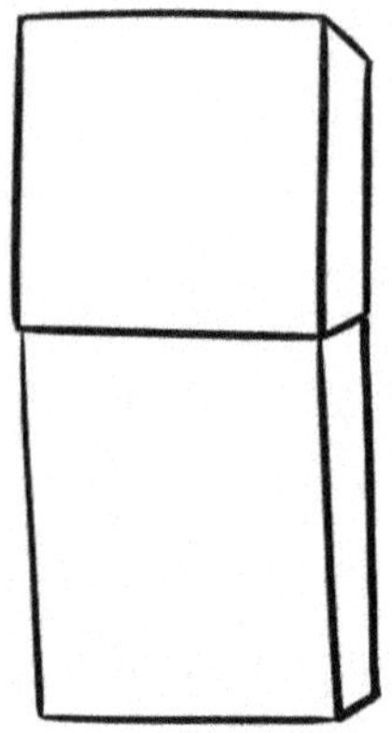

3

4

5

6

Now, it's your turn

Wolf

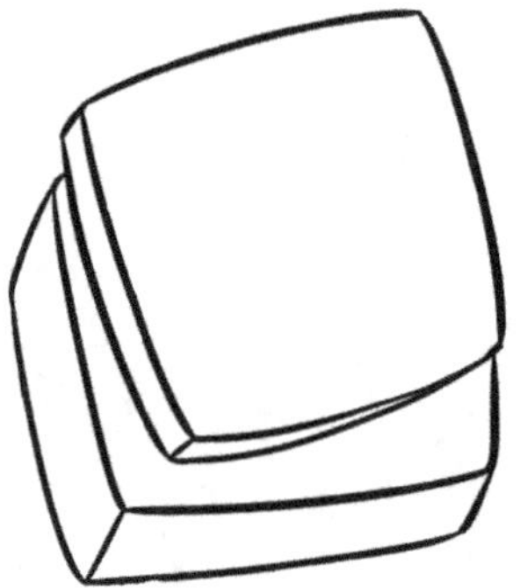

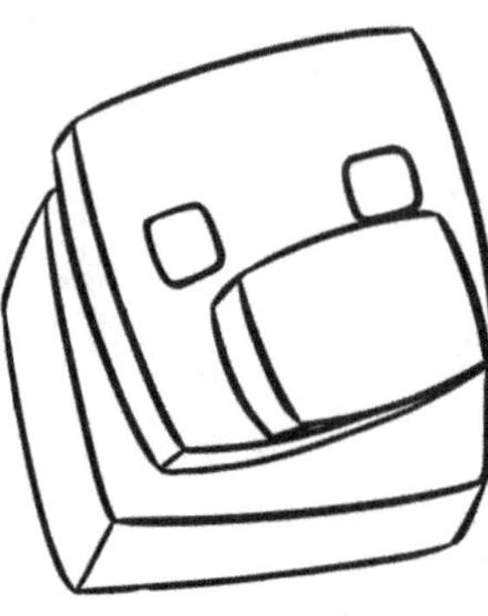

Now, it's your turn

Zoglin

1

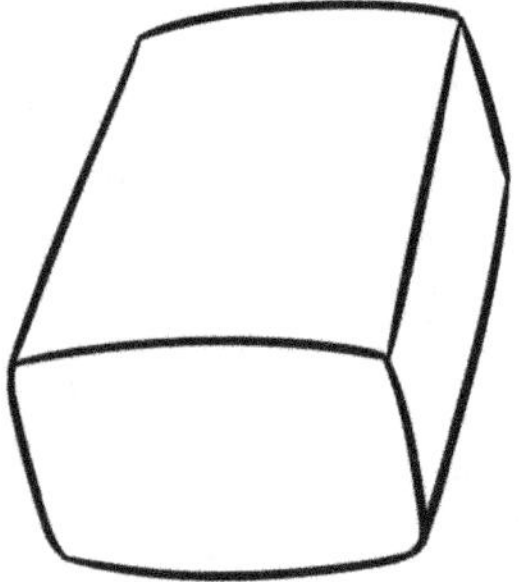

2

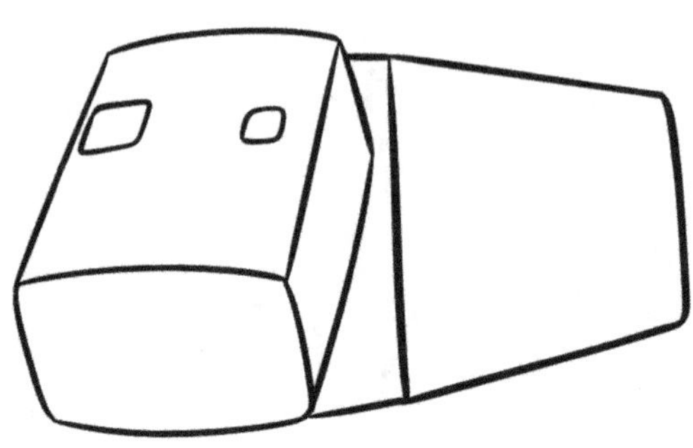

3

4

5

6

Now, it's your turn

Zombie Villager

1

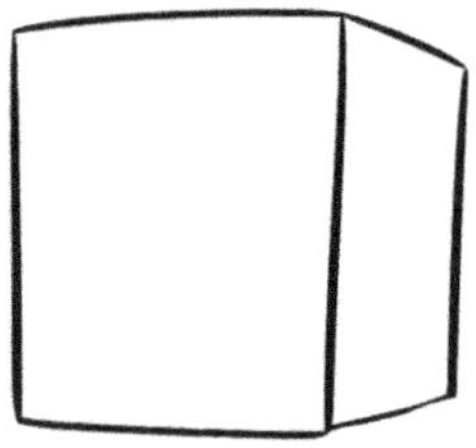

2

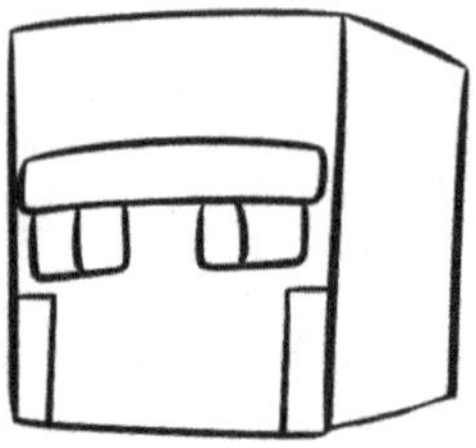

3

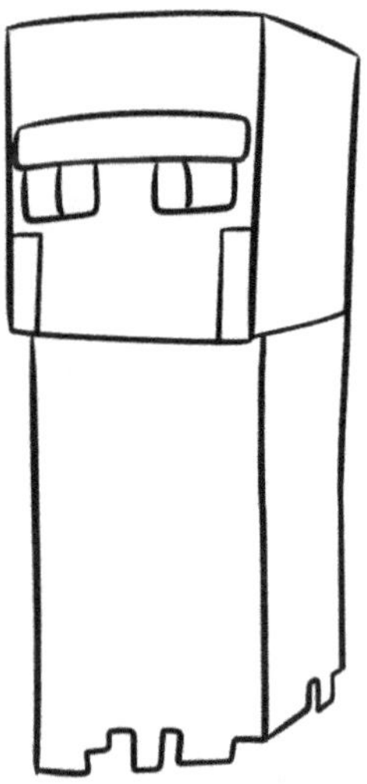

4

5

6

Now, it's your turn

Now, it's your turn

Fox

1

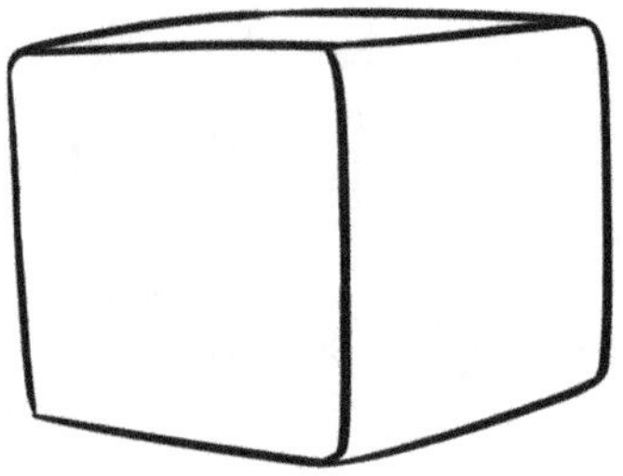

2

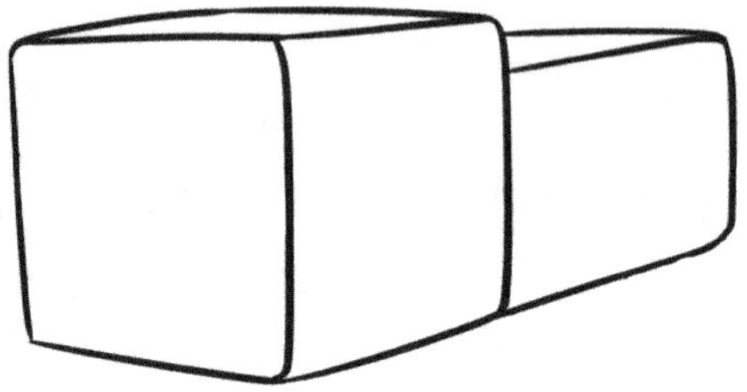

3

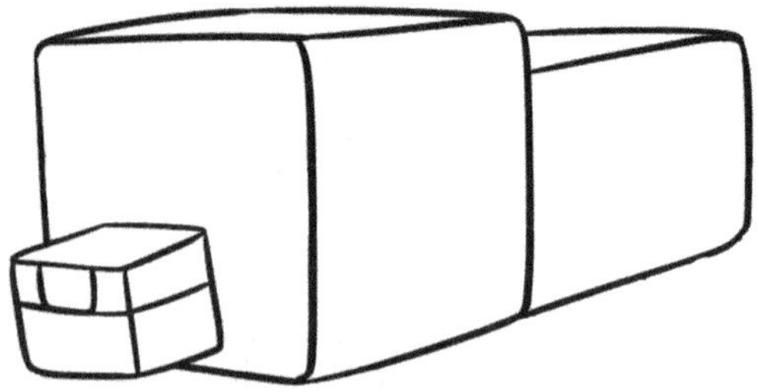

4

5

6

Now, it's your turn

Spider Jockey

1

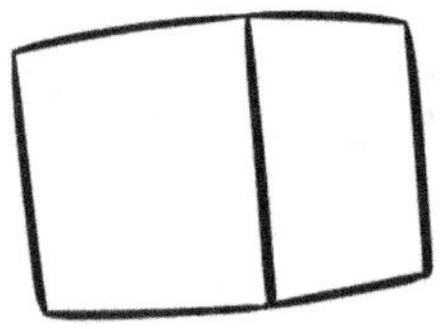

2

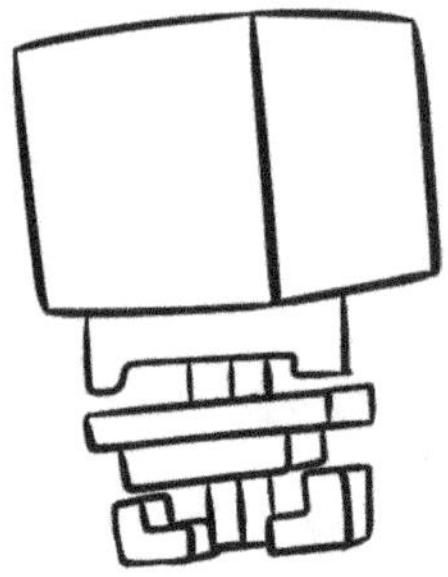

3

4

5

6

Now, it's your turn

Wither

1

2

3

4

5

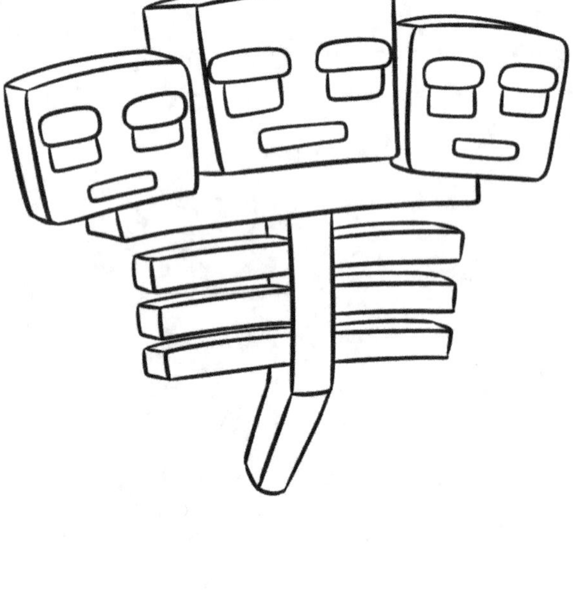

6

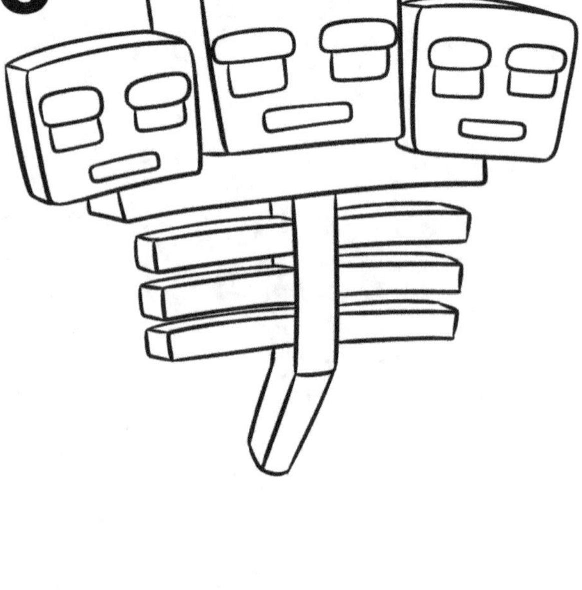

Now, it's your turn

DOWNLOAD 50
FREE COLORING PAGES

Send emails to us
support@cubehunter.net

www.ingramcontent.com/pod-product-compliance
Lightning Source LLC
Chambersburg PA
CBHW080901160726
48000CB00009B/2808